Michael Görden
Hans Christian Meiser

Madonna trifft Herkules

Michael Görden
Hans Christian Meiser

Madonna trifft Herkules

Die alltägliche Macht
der Mythen

Wolfgang Krüger Verlag

© 1994 S. Fischer Verlag GmbH, Frankfurt am Main
Umschlaggestaltung: Buchholz/Hinsch/Hensinger
Satz: Fotosatz Otto Gutfreund GmbH, Darmstadt
Druck und Bindung: Wagner GmbH, Nördlingen
Printed in Germany
ISBN 3-8105-1856-5

Daran erkenn ich den gelehrten Herrn!
Was ihr nicht tastet, steht euch meilenfern,
Was ihr nicht faßt, das fehlt euch ganz und gar,
Was ihr nicht rechnet, glaubt ihr, sei nicht wahr,
Was ihr nicht wägt, hat für euch kein Gewicht,
Was ihr nicht münzt, das, meint ihr, gelte nicht.

Mephisto, FAUST II, 4917

Im Leeren dreht sich, ohne Zwang und Not,
Frei unser Leben, stets zum Spiel bereit,
Doch heimlich dürsten wir nach Wirklichkeit,
Nach Zeugung und Geburt, nach Leid und Tod.

Hermann Hesse

Inhalt

Einführung

In unserer Zeit scheint der Mythos keinen guten Ruf zu genießen. Das ist ja nur ein Mythos, soll heißen, es ist nicht die Wahrheit. Auf der anderen Seite lieben wir den Mythos. Wie sonst wäre zu erklären, daß es sich zum Beispiel bei den großen »Kinomythen« um Filme und Stars mit äußerster Beliebtheit handelt?

Der Mythos scheint eine Art Verkleidung von Dingen und Menschen zu sein, hinter der sie sich verstecken, manche freiwillig, viele unfreiwillig. Menschen oder Objekte werden zum Mythos, wenn sie eine der seit Jahrtausenden in unserem Bewußtsein verankerten Grundformen unserer Existenz abbilden und uns entsprechend stark berühren.

Brauchen Menschen Mythen? Jedenfalls scheint sich eine nähere Beschäftigung mit dem Mythos zu lohnen, denn er umgibt uns überall. Ständig stoßen wir auf die mythische Bedeutung von Jeans und Popstars, von geschichtlichen Ereignissen und historischen Persönlichkeiten, von Filmen und Romanen, von allem und jedem. Ohne Mythos läuft nichts – zumindest in der Werbung, in der Politik, in der Kunst, in den Medien und selbst in der Wirtschaft. Warum würden wir sonst lesen, daß es mit dem »Mythos der harten DM« nun bald vorbei sein könnte?

»Das Material des Mythos ist das Material unseres Lebens, unseres Körpers und unserer Umwelt«, schreibt der amerikanische Mythenforscher Joseph Campbell, »und eine lebendige, kraftvolle Mythologie befaßt sich damit auf eine Weise, die dem jeweiligen Wissensstand eines Zeitalters angemessen ist.« Bei dem Einfluß der Mythen ist es naheliegend, daß sich die Wissenschaft eingehend mit ihnen befaßt, sogar in sehr unterschiedlichen Disziplinen. Die Religionswissenschaftler sehen den Mythos als das, was hinter den von ihnen untersuchten *Mythen* wirkt. Der Mythos ist sozusagen eine kulturell-geistige Urformel, aus dem einzelne Geschichten gebildet wurden: die Mythen. Dabei neigen viele vergleichende Religionswissenschaftler zu einer konfessionell geprägten Betrachtungsweise: Die Jungfrauengeburt Marias ist eine biblische Wahrheit, die Götterdämmerung der Germanen eine Mythe. Einfacher gesagt: Mythen sind immer die Geschichten, in denen *andere* Kulturen ihre Welterfahrung ausgedrückt haben. Auch die Ethnologen haben fleißig Mythen gesammelt. Bei ihnen war alles Mythos, was zum Erzählgut fremder, insbesondere »primitiver« Kulturen gehörte und den »Primitiven« im weiteren Sinne half, die Welt zu erklären. Leider kann uns ein Ethnologe, der Mythenforschung betreibt, deshalb wenig erzählen, wenn wir ihn nach dem »Mythos Deutschland« befragen.

Die Psychologen schließlich haben mit der Tiefenpsychologie von C. G. Jung eine eigene Schule entwickelt, die davon ausgeht, daß unsere Psyche von mythischen Bildern beherrscht wird, den Archetypen. In Jungs Vorstellung gibt es ein gemeinsames, ein kollektives Unbewußtes der Menschen, das sich aus den Mythen aller Kulturen zusammensetzt. Diesem Ansatz folgten Mythenforscher wie Heinrich Zimmer,

Mircea Eliade und Joseph Campbell. Sie entdeckten verbindende Elemente in den Mythen unterschiedlichster Kulturen, die den Schluß zuließen, daß es gemeinsame Grundmuster für die Mythen der Menschheit gibt, die bis in die fernste Vorzeit zurückreichen müssen. Zwar ist über diese Grundmuster, die *Mythologeme* genannt werden, inzwischen viel geforscht worden, aber über ihre Wirkung in unserem modernen Alltag ist wenig bekannt. Die Psychologie hat sich mehr mit den »innerseelischen« Wirkungsweisen mythischer Einflüsse befaßt, über den Mythos Hollywood weiß sie wenig.

Nachdem es immerhin in mehreren Geisteswissenschaften Forschungsansätze gibt, bleibt die Frage, woher der Mythos seinen derzeitigen schlechten Ruf hat? In der bürgerlichen Kultur des vorigen Jahrhunderts war das Beschwören mythischer Bilder von Nietzsches Zarathustra bis zu Wagners Nibelungen in Mode. Die Politiker lernten schnell, daß die Beschwörung eines gemeinsamen Mythos beliebige Menschenmassen zu einer Gruppe zusammenschweißen konnte und so leichter manipulierbar machte. Unter demokratischen Regierungen traute man der Vernunft der Bürger nicht soweit, daß man sich allein auf Appelle an sie verlassen mochte. In totalitären Staaten mißtraute man der Vernunft als Überzeugungsmittel ohnedies und suchte nach einem verbindenden Gefühl jenseits der Staatsideologie. So wurde der Einsatz des Mythos als Instrument der Bevormundung und Entmündigung probates Mittel: Die Nazis hatten neben dem mythisierenden »Mein Kampf« Rosenbergs »Mythos des 20. Jahrhunderts« als Propagandagrundlage; die Kommunisten verklärten Lenin und Stalin zu gottgleichen Pharaonen mit entsprechenden Grabbauten. Greift man in demokratischen Gesellschaften auf mythische Muster zur Beeinflussung von

Kommunikationsprozessen zurück, spricht man heute von Werbung. Demokratische Parteien beschäftigen Werbeagenturen, keine Propagandaabteilungen. Insofern ist es nicht weiter verwunderlich, daß man bei der Macht der Mythen zunächst an ihren manipulativen Mißbrauch denkt. Wer sich auf den Mythos beruft, will uns manipulieren und ist verdächtig. Mythos ist eben nicht Wahrheit. Was ist eigentlich mit dem Mythos der Wahrheit?

Um keine Mißverständnisse zu produzieren, wollen wir dem Leser zunächst unsere Terminologie erläutern, mit der wir dem Begriff Mythos zu Leibe rücken. Die folgenden Begriffsbestimmungen helfen uns, weil Mythos und Mythen von so verschiedenen Wissenschaften untersucht werden und in so unterschiedlichen Lebensbereichen auftreten, daß man einen Begriff völlig anders verwendet findet, wenn man etwa die Tagespresse mit einem Psychologiehandbuch vergleicht.

Mythos ist ein sinngebendes Grundprinzip der menschlichen Existenz und zugleich alles an einer Person oder einer Sache, was ihr eine über das Eigentliche hinausgehende Bedeutung gibt *(der Mythos der Liebe, der Mythos John Wayne)*.

Mythen sind die Geschichten, die sich aus einem Mythos ableiten und seine Prinzipien in Handlung umsetzen oder illustrieren *(Göttermythen, Heldenmythen, Hollywoodmythen)*.

Mythische Muster sind die Wirkungsgefüge solcher Geschichten, die den wandelbaren, aber doch immer gleichen Ablauf der Entwicklung der Mythen vorschreiben *(Romeo & Julia, Nibelungentreue)*.

14

Mythologem ist die Essenz eines Mythos, der Grundgedanke, der abgeleitet und in einem Muster zusammengefaßt werden kann *(alles von Menschenhand Geschaffene ist vergänglich; der Mensch ist sündig von Geburt)*.

Mythisch bedeutet zu einer Mythe gehörend oder allgemein dem Muster von Mythen folgend *(Herkules ist ein* mythischer *Held der Griechen)*.

Mythologisch heißt, etwas hat seine Bedeutung durch den Mythos und gehört zum Wirkungsgefüge einer **Mythologie**, dem Bedeutungsgebäude, das aus den Mythen einer Kultur gemäß ihrem Mythos errichtet wurde *(mit seinen Heldentaten erfüllt Herkules eine* mythologische *Rolle)*.

Es hat eine eigenartige Bewandtnis mit dem Mythos und seinen Mythen. Je mehr man sie scheinbar aus der Gesellschaft und der öffentlichen und privaten Wahrnehmung verdrängt, desto größer ist ihr verborgener Einfluß. Da alles seinen Mythos haben kann und im Sinne einer tieferen Bedeutung vielleicht auch haben muß, sind wir ständig von Mythen umgeben. Wenn wir sie nicht sehen wollen, sind wir ihnen ausgeliefert. Gleichzeitig scheinen wir den Mythos dringend zum Leben zu brauchen, denn er haftet allem an, was in unserem persönlichen Alltag Macht und Einfluß hat. Mit dem Mythos verhält es sich wie mit bestimmten Drogen – wir sind nach ihm süchtig, wollen es aber nicht zugeben. Wir ignorieren als »aufgeklärte Menschen« seinen Einfluß – wie Alkoholiker, die sich bei jedem weiteren Glas versichern, daß sie jederzeit aufhören können.

Das Problem läßt sich einfach darstellen: Wir sind alle mit

den Mythen unserer Kultur verbunden und brauchen sie, um unserem Leben einen Sinn zu geben – allerdings ohne irgendeine Kontrolle über diese Abhängigkeit zu entwickeln. Wenn wir auf den Mythos verzichten wollten, müßten wir feststellen, daß wir ohne den Rückgriff auf mythische Muster gar nicht denken können. Betrachten wir diese Muster kritisch, sehen wir, daß wir selbst es sind, die an der Befolgung dieser Muster zwanghaft festhalten. Es sind Grundprinzipien unseres Lebens.

Was uns fehlt, ist die unbefangene Überprüfung, wie weit wir uns auf welche Muster einlassen, welche Alternativen es gibt und ob sich diese und oder jene Mythe für unser Leben mehr lohnt. Auf den folgenden Seiten laden wir zu einer solchen Prüfung ein. Wir werden dabei grundsätzlichen Fragen nachgehen, »ontologischen« Fragen nach dem Sein an sich. Fragen, die jeder im Laufe seines Lebens für sich selbst und andere beantworten muß, weil er sonst nichts in dieser Welt verstehen kann.

Die Sucht
nach Verzauberung

Menschen neigen dazu, in allem, was sie tun, einen Sinn zu suchen. Denkt man an die eigene Biographie, so ist die Entwicklungsgeschichte, die wir uns selbst geben, Voraussetzung unserer Identität und geistigen Gesundheit. Ein kleines Gedankenexperiment kann uns diese Notwendigkeit einer konstruierten Entwicklungsgeschichte verdeutlichen.

Stellen wir uns vor, wir müssen unseren Lebenslauf schreiben, dann werden wir unser Leben immer als Kette sinnvoll aufeinander aufbauender Ereignisse darstellen. Wir wissen zwar, daß viele Entscheidungen und Ereignisse von zufälligen Gegebenheiten geprägt wurden, aber diese Erkenntnis verdrängen wir, weil wir *auch* wissen, daß in einer Bewerbung der Eindruck eines Lebens vermittelt werden soll, in dem die berufliche und persönliche Entwicklung aus sinngebenden, logisch vernetzten Entscheidungen entstanden ist – ein Leben, das »stimmig« ist für die angestrebte Position. Wir werden nicht schreiben, daß wir unseren Berufsweg auf Grund eines Partygespräches, der Hoffnung auf eine Liebesbeziehung oder mangels besserer Ideen eingeschlagen haben. Statt dessen werden wir diese Entscheidung als Ergebnis von jahrelang gehegten Interessen, familiären Vorkenntnissen oder anderen akzeptablen Voraussetzungen darstellen.

Selbstverständlich lügen wir nicht einfach in unserer Bewerbung. Wir interpretieren unser Leben nur so, wie es einen »Sinn ergibt« und wie es uns selbst am sinnvollsten erscheint. Es sind nicht nur die »Ratschläge für eine erfolgreiche Bewerbung«, die wir in diesem Fall befolgen. Wir brauchen für die Darstellung unseres Lebens in den Hirnzellen unseres Gedächtniszentrums eine sinnvolle Gliederung. Ohne eine solche »Geschichte unseres Lebens« zerfiele im Rückblick alles, was uns je zugestoßen ist, in ein unverständliches Kaleidoskop von unzusammenhängenden Einzelereignissen.

Wenn wir also unser Leben für uns selbst oder andere verständlich machen wollen, müssen wir es interpretieren. Und diese Interpretation erfolgt in der Form von Geschichten — eben jenen, die den lebensnotwendigen Sinn stiften. Es geht uns dabei nicht viel anders als dem Autor eines Drehbuches für Film und Fernsehen. Es genügt nicht, irgendeine beliebige Abfolge von Ereignissen eine »Geschichte« zu nennen. Die Geschichte muß für uns und andere akzeptabel sein, das heißt, wir müssen ihren Sinn verstehen können.

Für die Gestaltung unserer Geschichte brauchen wir Muster, von denen wir annehmen, daß sie von anderen akzeptiert werden und daß sie stimmig sind. Woher sollten wir diese Muster bekommen, wenn nicht aus dem Schatz der Mythen, Märchen und Legenden, die uns heute nur noch selten durch die Großmutter, sondern überwiegend durch die Massenmedien vermittelt werden? Es lohnt sich also herauszufinden, was hinter diesen Mythen steht, und es ist genauso wichtig, zu erkennen, welche Mythen es denn nun eigentlich sind, die wir zur Grundlage unserer Lebensgeschichte machen. Denn leicht erliegen wir einer Geschichte, in der wir dann gefangen sind wie die Maus in der Falle — mit einem hausgemachten Lebenssinn als schmackhaftem Köder. Aus unserer Freude, eine vertraute Geschichte zu erkennen und zu wiederholen, wird schnell die Sucht nach der Selbstbestätigung durch die immer gleiche Erfahrung. Wir könnten vielleicht sogar auf der Verstandesebene aus der Erfahrung lernen, aber das emotionale Bedürfnis nach einem vertrauten Muster ist oft stärker als jede Vernunft.

Dornröschen als Photomodell

Dornröschen wird von seinem Prinzen wachgeküßt. Diese Geschichte vom Schlaf im Leben, aus dem die Prinzessin durch den sie entdeckenden Liebhaber zu Ruhm und Erfolg wachgeküßt wird, ist eines der vertrautesten Muster, das uns in der Geschichte von Models, Stars und Starletts wie auch von vielen »normalen« Frauen immer wieder begegnet. Was aber, wenn die Prinzessin vergißt, daß ihr Leben nicht nur aus dieser einen Geschichte bestehen kann? Wenn sie süchtig wird nach der Wiederholung des Wachküssens, des Entdecktwerdens, des Überraschungserfolgs?

Da ist das vierzigjährige ehemalige Model. Sie lebt allein, hat ständig wechselnde Liebhaber und schafft es kaum, genug Geld zum Überleben zu verdienen. Mit 17 ist sie damals »entdeckt« worden. Sie wurde schnell ein Modelstar. Dann kam die »Entdeckung« für den Film, wieder durch einen Mann, der auch ihr Liebhaber wurde. Aber jede dieser Karrieren gab sie schnell wieder auf. Sie wartete auf noch größere »Entdeckungen«, wurde Jüngerin eines »Guru«, versuchte sich als Autorin – immer auf der Suche nach diesem »zauberhaften Erweckungskuß«. Natürlich blieb der Kuß aus. Sie wurde älter, verlor an Attraktivität, lernte nicht, wirklich für sich selbst zu sorgen. Ihr Leben verstreicht in der Erwartung weiterer Entdeckungswunder. Sie ist süchtig nach der lustvollen Wiederholung der einzigen sinngebenden Geschichte, die ihr bisher in ihrem Leben widerfahren ist.

Immer wieder taucht die Hoffnung auf eine neue »Entdeckung« in der Gestalt eines Mannes auf, den sie – ob er will oder nicht – in die Prinzenrolle drängt. Dabei ist unwichtig, was er eigentlich an ihr entdeckt. Hauptsache, er gibt ihr die immer kürzer andauernde Illusion des »Emporgehobenwerdens«. Nur begrenzte Zeit kann der Partner diese Entdeckerrolle glaubwürdig ausfüllen, dann ist der Zauber des Aufwachens verbraucht. Ernüchterung und Depression befallen Dornröschen. Das herrliche Gefühl einer bedeutsamen Liebesbegegnung wird abgelöst von der Angst, ihr Leben könnte doch nicht diesem wunderbaren Muster folgen – am Ende könnten doch nicht Erlösung und Erhöhung durch den Prinzen stehen, sondern sie selbst müsse etwas im Leben bewirken. Ehe sie aber beginnt, eine Einsicht in die Gestaltungsmöglichkeiten ihres Lebens zu entwickeln, läßt sie sich lieber treiben, um ja nicht den nächsten Entdeckungsaugenblick zu verpassen. Denn wenn sie allein aufwachen würde, wer könnte sie dann wachküssen?

Warum gerade das Dornröschen-Muster? Eine Erklärung allein würde wenig helfen. Würde man der Betroffenen sagen, daß sie mit dieser Erwartungshaltung dem Vorbild ihrer Mutter folgt – sie würde es wahrscheinlich genauso sehen und sich gleichzeitig bestätigt fühlen. Wenn schon die Mutter es vorgelebt hat – warum nicht auch die Tochter? Sie könnte ja vielleicht endlich den wahren Prinzen treffen, den die Mutter immer verpaßt hat. Weist man darauf hin, daß sie unrealistische Anforderungen an ihre Partner stellt: Das weiß sie selbst. Deshalb wartet sie ja schon wieder auf den nächsten, der nun wirklich die endgültige Erlösung bringen wird. In den meisten Psychotherapien wird man ihr zwar die Problematik ihres Verhaltensmusters einsichtig machen können. Aber was können diese Therapien der Sucht nach dem »mythischen Augenblick« des Wachgeküßtwerdens entgegensetzen? Einsicht in die Gefahren einer Droge hat noch keinen Süchtigen geheilt. Und wie bei den Suchtgiften Alkohol und Nikotin wird in unserer Kultur ständig für den Dornröschen-Mythos »geworben«. Die Medien reproduzieren ihn fortwährend in »wahren« und erfundenen Geschichten: das Starlett und der Produzent, der »Miß-Irgendwas«-Wettbewerb, die »wahre große Liebe«, die Entdeckung des Jahres. Wann immer Dornröschen von ihrem Muster ablassen will, bestätigen sie »Pretty Woman« und Aschenputtel, weiterzumachen wie bisher.

Dornröschens Lebensmuster ist auch außerhalb solcher »mythischen« Lebenswege wie Model oder Filmstar verbreitet. Wer genau hinsieht, wird viele Menschen in seiner Umgebung entdecken, die vielleicht nicht diesem »Märchen«, aber dafür einem anderen, ebenso simplen verhaftet sind.

Es scheint zu unseren besonderen Eigenheiten zu gehören, daß wir uns vom »Mythischen« angezogen fühlen. Oft ohne eigentlich zu wissen, wonach wir da suchen. Warum würden wir uns sonst ständig in mythische Dimensionen von Königen und Kaisern, von Helden und Verlierern, von Duell und Kampf begeben? Das klingt nach einer sehr martiali-schen Lebenswirklichkeit, die viele für sich ablehnen. Aber diese mythische Dimension nicht bewußt sehen zu können, bedeutet keineswegs, nicht von ihr abhängig zu sein. Es ist nur Ausdruck einer besonderen mythischen Blindheit, auf deren Ursache im falschverstandenen Materialismus wir später zurückkommen. Schärfen wir unseren mythologischen Blick erst einmal mit einer kurzen Betrachtung der Sportwelt.

Prominente als mythische Helden: Die Gräfin und der Kaiser

Wer an der Allgegenwärtigkeit mythischer Muster im Alltag zweifelt, braucht nur den Sportjournalismus zu betrachten, der ohne diese Muster im wahrsten Sinne des Wortes sprachlos wäre. Man nehme die »Gräfin« und den »Kaiser«. Sicher könnten auch andere Sportgrößen angeführt werden, doch diese beiden folgen einem besonderen Bedeutungsmuster: dem der Unbesiegbarkeit durch eisernen Willen – offenbar ein Mythos, von dem die deutsche Öffentlichkeit sich besonders stark angesprochen fühlt. Daß sowohl Steffi Graf als auch Franz Beckenbauer von den Medien mit aristokratischen Titeln versehen wurden, deutet auf die Sehnsucht des Publikums nach einer Einheit von sportlichem Erfolg und gesellschaftlicher Stellung, für die der Adel offenbar immer noch der populärste Ausdruck ist. Da beide Asse aus der bürgerlichen Mittelschicht stammen, haben sie sich ihren Adel durch jahrelange, selbstverleugnende körperliche Höchstleistung verdient und sind nun zu Unsterblichen des Sportolymp geworden. Die alten Olympier, die solcher Anstrengung nicht mehr bedürfen, freuen sich derweil über ihre gelungenen In-karnationen.

Neid kann bei der Normalbevölkerung darüber nicht auf-kommen, da es offenkundig zwei »der Ihren« geschafft haben: vom Bürger zum Aristokraten. Frühere Stars wie Gottfried von Cramm (Tennis) und Wolf Graf Berghe von Trips (Mo-torsport) waren schon Aristokraten von Geburt, bedurften also der Geschichte des Aufstiegs vom Tellerwäscher zum Millionär nicht. Nebenbei bemerkt, der neue Schwimmstar Franziska ist keine *von*, sondern eine *van* Almsick – noch.

Die kleinen Skandale um Steffi Graf und Franz Beckenbau-er schaden dem Mythos nicht, im Gegenteil: Wem soviel Schlechtes widerfährt, der gilt in der öffentlichen Meinung nur als noch bewunderungswürdiger, wenn er trotz dieser negativen Einflüsse weiter siegt. Die Sportler selbst tragen es offenbar mit einem gewissen Gleichmut. Sie fügen sich in ihr mythisches Muster. Sahen sich nicht auch *Nike* – die Sieges-göttin, nicht die Sportschuhmarke – und *Zeus*, der allmächti-ge Göttervater, mit Skandalen ohne Ende konfrontiert? Stef-fi Graf beweist bei den menschlichen Katastrophen in ihrem Umfeld freundliche Gelassenheit. Franz Beckenbauer, ganz Kaiser, übt sich im positiven Denken. Kaum ein Satz, den er nicht mit »ja, gut . . . « beginnt. Eine Niederlage ist im Den-ken der beiden und im Denken der Öffentlichkeit akzeptabel, eine Tragödie aber nicht. Getreu den mythologischen Mu-stern »weiß« man: Morgen sind sie wieder die Nummer eins – egal auf welchem Gebiet.

Anders verhält es sich beim Siegertypen Boris Becker, der wie Jung-Siegfried offenbar doch verletzlich ist. Die gesamte Nation nimmt bewegt an seinem Sportler- und Liebesleben teil, da ihr die Geschichte von Aufstieg, Fall und erneutem

Aufstieg aus dem eigenen Lebensweg so vertraut ist. Man leidet mit Boris, weil dessen Leid ein akzeptiertes Muster ist. Wir erkennen es und können es *nachfühlen*. Mit Michael Stich dagegen leidet kaum einer. Und hier tut sich der frappante Unterschied in den mythologischen Mustern auf, denen die beiden so unterschiedlichen Athleten folgen: Boris Becker ist der *Sieger*, Michael Stich ist der *Gewinner*. Sieg impliziert Niederlage und erneuten Sieg, vor allem über sich selbst. Gewinn dagegen impliziert nur Verlust, was leichter wegzustecken ist als eine Niederlage, die immer auch eine persönliche ist.

Bei Steffi Graf und Franz Beckenbauer finden wir die Verbindung dieser beiden Erfolgsmythen: Sieger *und* Gewinner mit gelegentlichen entschuldbaren, weil *menschlichen* Niederlagen *und* Verlusten. Dieses Mischverhältnis macht sie dann auch zu menschlichen Göttern, denen es durchaus gestattet ist, für italienische Teigwaren oder japanische Automobile zu werben.

Kaiser Franz ist es gelungen, den dritten Weltmeistertitel für Deutschland »nach Hause« zu holen. Anders aber als seine ebenso erfolgreichen Vorgänger Herberger und Schön, präsentierte er sich am Rand des Fußballfeldes nicht als einer derjenigen, die sich auf dem Rasen abrackern, sondern als Weltmann mit Anzug und Krawatte. Waren Herberger und Schön noch im Trainingsanzug erschienen und pflegten den »Elf-Freunde-müßt-ihr-sein«-Mythos, so offenbarte sich Beckenbauer als bügelfreier Übervater, der allein durch sein Charisma den Ball ins gegnerische Tor zu tragen vermochte. Hans-Hubert Vogts, genannt »Berti«, wird bald den passenden Mythos finden müssen, will er nicht wie der »Zauberer« Jupp Derwall schmählich entlassen werden. Unser Vorschlag an Berti: Hermes, dessen Mythos im Glossar erklärt wird.

Entschlüsseln wir den mythischen Code des Kaisers Franz weiter, fungierte er nicht nur als über seine Elf herrschende Verkörperung des Zeus, sondern inzwischen durchaus auch als Apollo, dessen Licht alles Dunkle dieser Welt durchdringt und die Niederlagen seiner Mannschaft mit milder Sinngebung ausleuchtet. Dieser Aspekt fehlt Steffi Graf noch. Sie gleicht eher der Zwillingsschwester des Lichtgottes, jener Artemis, die als Jagdgöttin das Wild erlegt. Ihr Bogen wurde zu Steffis Tennisschläger, ihr Pfeil zum gelben Weichgummiball.

Aus den mythischen Bildern, von denen unsere Sporthelden zehren, wahrscheinlich ohne selbst davon zu wissen oder sich allzu viele Gedanken darüber zu machen, wirkt seit Jahrtausenden eine ungebrochene Kraft. Sie formt die Lebensgeschichte unserer Helden. Ja, sie scheint sich manchmal sogar zu einer metaphysischen Macht zu entwickeln, die jedem Versuch, sie zu brechen, widersteht. Ein Attentat auf Monica Seles bringt Steffi Graf wieder an die Weltspitze. Aus deutscher Sicht werden damit die »wahren« Machtverhältnisse wiederhergestellt. Denn Steffi ist auch Hera, als Gattin des Zeus die oberste Himmelsmutter und eifersüchtige Verfolgerin der niedrigen Göttinnen wie Leto, Io und Lamia, die in Seles, Navratilova und Capriati Gestalt gefunden haben.

Es scheint, daß sich ein mythologischer Abgrund vor uns auftut, wenn wir beginnen, mythische Muster wahrzunehmen. Aber die Mythen, die wir hier entdecken, wirken nur so archaisch, weil wir dazu erzogen wurden, alles Mythische als überwundenen Aberglauben zu sehen. Aus dieser anerzogenen mythologischen Blindheit resultiert der Schock, plötzlich Zusammenhänge zu erkennen, wo wir vorher nur »blinden« Zufall wahrnehmen durften. Selbstverständlich ist es

Steffi Graf nicht bewußt, eine Inkarnation der Hera zu sein. Wahrscheinlich hat sie nie Gedanken an diesen mythischen Zusammenhang verschwendet. Aber im Zusammenspiel zwischen öffentlicher Wahrnehmung, dem Spiegel, der ihr von den Medien vorgehalten wird, und ihren Reaktionen darauf, gerät sie in das Muster überlieferter Geschichten, von dem sie und ihre Umgebung beeinflußt werden – bewußt oder unbewußt.

Warum wir Mythen brauchen

Wenn man erst einmal angefangen hat, die mythologischen Bezüge unserer Kultur wahrzunehmen, kann man leicht von einem gewissen Schaudern befallen werden. Die Götter- und Heldenmythen der alten europäischen Überlieferungen sind äußerst lebendig und werden noch durch einige erst in den letzten Jahrhunderten ins Bewußtsein gerückte Muster aus asiatischen Kulturen ergänzt. Wir werden ihnen im Laufe des Buches in den unterschiedlichsten Zusammenhängen immer wieder begegnen. Das heißt nun aber nicht, wir stünden heute noch unter dem Einfluß des Olymp – im Gegenteil, der Olymp der alten Götter ist heute, wie auch in früheren Zeiten, gezwungen, sich uns anzupassen. Mythen können nur wirksam sein, wenn wir in unserem Bewußtsein den Platz dazu einräumen. Die Olympier mögen herrschen, aber ihre Macht haben sie immer von uns bekommen.

Was bindet den modernen Menschen an die alten mythischen Muster? Warum kann er sich nicht von ihnen befreien? Einfallslosigkeit wird es kaum sein, denn das Bedürfnis, Geschichten zu erfinden, ist in unserer Medienkultur sichtlich weiter verbreitet als jemals zuvor in der Menschheitsgeschichte.

Hinter der Verbundenheit zum Mythos stehen zwei Gefühle, ohne die der Mensch nicht existieren kann und wohl nie existiert hat: Furcht und Hoffnung.

Der Furcht begegnet man in dem Schaudern vor dem mythologischen Abgrund, in den wir gerade einen ersten Blick geworfen haben. Es ist die Furcht vor dem Gebundensein an ein unentrinnbares Schicksal, an Kräfte, die größer sind als alles, was wir ihnen in unserer individuellen Existenz entgegenstellen können – die alte Angst vor dem »Unsichtbaren«, das uns bestimmt und dem wir nicht entrinnen können. Aber gleichzeitig birgt der Mythos auch die Hoffnung – die unwiderstehliche Hoffnung auf einen überpersönlichen Sinn in unserem Leben. Der Mythos lockt mit dem Versprechen, daß allem, was wir tun und was uns begegnet, eine tiefere und größere Bedeutung zugrunde liegt. Am Ende ist man vielleicht doch nicht nur als verlorene Existenz in diese Welt geworfen, sondern hat dort eine Rolle zu spielen in einem gewaltigen Drama, dessen Umrisse man in den mythischen Mustern schattenhaft erahnen kann.

Der Mythos gibt den Dingen Be-Deutung. Das heißt, er erklärt nicht nur, im Sinne von Deutung, sondern er weist dieser Deutung auch eine universale Stellung zu. Was die mythischen Muster dabei so unwiderstehlich macht, ist ihr Verzicht auf unser verstandesmäßiges Begreifen. Wir können spüren, daß sie Sinn ergeben, auch wenn der Sinn uns nicht verständlich ist.

Der menschliche Verstand zieht Sinn dem Unsinn in jedem Fall vor. Ein schönes Beispiel dafür sind die berühmten psychologischen Experimente John C. Wrights, in denen Versuchspersonen in einer Zahlenreihe ein Muster erkennen sollen, ohne zu wissen, daß die Reihe ein reines Zufallsprodukt ist. Fast alle Testpersonen entwickeln nach einiger Zeit eine Theorie für die weitere Zahlenfolge und sind von deren Richtigkeit kaum abzubringen. Blinder Zufall ist für Gefühl und Verstand gleichermaßen schwer zu ertragen und wird nur allzugern gegen die kleinste Andeutung von Sinn eingetauscht. »Natura abhoret vacuum«, meinte schon Spinoza: Die Natur erträgt keine Leere.

In einer Art biologisch einprogrammiertem Reflex stürzen wir uns auf jedes Angebot von Sinn. Die Wirkungsmuster, die wir Mythen nennen, scheinen einfach die ältesten und damit erfolgreichsten Geschichten zu sein, die sich in den verschiedenen Kulturen als sinngebend durchsetzen konnten. Ihre »Mytho-Logik« ist so ausgeprägt, daß wir ihnen auch heute noch kaum widerstehen können. Die Anziehungskraft mythologischer Muster ist von Werbung und Propaganda längst erkannt worden. Man kann diese Anziehungskraft regelrecht als Arbeitsgrundlage für die manipulativen Techniken dieser Disziplinen betrachten. Ob es sich nun um Politiker oder um Jeans handelt: Es ist wesentlich erfolgreicher, durch Werbung den »Mythos« eines Produktes zu initiieren und zu verbreiten, als auf seine Qualität hinzuweisen. Die Be-Deutung ist dem Konsumenten allemal wichtiger als die Deutung. Die Haltbarkeit der Nähte einer Jeans ist zum Beispiel ein viel unwichtigeres Einkaufskriterium bei den meisten Konsumenten als der »mythische« Markenname »Levis«. Ein Politiker, der sich für Sicherheit und Ordnung stark macht, wird von seinen Wählern selten danach gefragt, ob seine Gesetzesvorschläge tatsächlich Kriminalität verhindern helfen, solange die geforderten Gesetze nur dem mythischen Bild des harten Durchgreifens entsprechen.

Von König Artus zum Marlboro-Mann

Während über die Jahrtausende Geschichten ersonnen wurden, die dem Kosmos und unserer Existenz Sinn geben, wuchs auch unsere Fähigkeit, aus diesen Mythen anderen Nutzen zu ziehen, als uns an ihrer Sinnhaftigkeit zu erfreuen. Wer jemandem durch eine Geschichte Sinn vermittelt, der kann diesen Sinn schließlich auch manipulativ ausgestalten.

Schon Homers Gesänge von der Belagerung Trojas fanden als Propaganda der Griechen im Krieg gegen die Perser Verwendung. Vergils »Aeneis«, das Epos vom mythischen Gründer Roms, ist bereits mit der Absicht komponiert, den Anspruch Roms als Weltmacht zu rechtfertigen. Sobald ein Mythos Macht über Menschen gewonnen hat, beginnt man damit, ihn zur Manipulation zu verwenden. Da aber auch die Manipulateure unter dem Einfluß des von ihnen eingesetzten Mythos stehen, entwickelt sich ein Wechselspiel, dessen Fortgang sich irgendwann der Kontrolle aller Beteiligten entziehen kann. Wenn in der jüngeren deutschen Geschichte von solchen Mythenmanipulateuren etwa das »Nibelungenlied« als deutscher Mythos mit seiner »Nibelungentreue« beschworen wurde, scheinen die Beschwörer das Ende dieses Mythos übersehen zu haben: Von den Nibelungen überlebt keiner.

Ein besonders gutes Beispiel für solche Wechselwirkungen, die einen Mythos ständig weiterentwickeln und transformieren, bis er am Ende eine völlig andere Bedeutung annehmen kann, ist die Geschichte von König Artus und den edlen Rittern seiner Tafelrunde. Einer der ersten, der ausführlich über den historisch nicht genau nachweisbaren legendären Artus berichtet, ist Geoffry of Monmouth, der ihn im 10. Jahrhundert seinen Landsleuten als Volksvereiniger und Landesverteidiger vorstellt – einen König, wie ihn die Engländer damals gut hätten brauchen können. Richtig populär wird er dann durch die Minnesänger 200 Jahre später, die aus ihm und seinen Rittern Vorbilder für das höfische Lebensideal ihrer Zeit machen. Sympathisanten der damals von der katholischen Kirche verfolgten katharischen Ketzer Okzitaniens erweitern den Mythos um verschlüsselte Anspielungen auf esoterische Inhalte des katharischen Glaubens und bringen Artus in Bezug zum Heiligen Gral. Langsam scheint sich ein übergreifendes Muster zu bilden, aus dem das heutige Artusbild zusammengesetzt ist: der gute Herrscher, der vor der Erfüllung seiner Mission sterben muß und auf dessen Rückkehr aus dem Jenseits sein Volk wartet, damit er sein Werk vollende. Ein Muster, das bald auch auf historische Herrscher übertragen wird – wie in der Volkssage vom im Kyffhäuser wartenden Barbarossa. Es entsteht, während die Minnesänger noch von Artus' Taten künden. Wie wirksam dieses Muster über die Jahrhunderte bleibt, zeigt sich u.a. darin, daß die Presse des 20. Jahrhunderts einem Führer wie John F. Kennedy die Rolle des Artus zuschreibt und eben fast jeder eine Vorstellung davon hat, was damit gemeint sein könnte.

Wann immer in einer Kultur etwas auftaucht, dessen Bedeutung wichtiger als seine eigentliche Funktion ist, entsteht daraus ein Mythos. Ob es sich dabei um Götter, Helden oder Coca-Cola handelt, spielt keine Rolle. Man kann Mythen aber offenbar nicht einfach herbeireden. Sie müssen einen Sinn anbieten, der von genügend Menschen gebraucht wird. Werbung und Propaganda beuten deshalb lieber vorhandene Mythen aus, indem sie ihre Produkte an sie anpassen, als neue Mythen zu lancieren. Man versucht nicht, den Mythos des »Rauchers« zu erschaffen, sondern man lehnt sich mit der Zigarettenwerbung an den Cowboymythos an, der wiederum eine Fortentwicklung alter männlicher Heldenmythen ist. Über die Verbindung des Cowboys mit genußvollem Rauchen unter freiem Himmel entsteht ein eigenes mythisches Muster: der Marlboro-Mann mit seinem Duft von Freiheit und Abenteuer. Das Muster gab dem Mann eine attraktive Bedeutung, auf die Frauen sich offenbar gerne einließen. Marlboro war in den achtziger Jahren zeitweise die weltweit von Frauen meistgerauchte Zigarettenmarke.

Nicht jeder, der ein mythisches Muster benutzen will, durchschaut allerdings dessen Psychologie. Die gerufenen Geister wieder loszuwerden gestaltet sich schwierig – nicht nur wenn man einem Produkt ein neues Image geben will. Der Mythos entzieht sich trickreich seinen Manipulateuren und nimmt sie im Wortsinne »gefangen«.

Psychologie des Mythos oder Warum Kennedy erschossen werden mußte

»Es gibt keine wahren Geschichten«, schreibt Max Frisch, »dennoch ein Verlangen nach Geschichten, weil Erfahrung, die sich nicht abbildet, kaum auszuhalten ist. Das übliche ist, daß man sich die Geschichte zu seiner Erfahrung in der Vergangenheit sucht, also in Erinnerungen.«

Aber das Suchen nach Geschichten, nach kollektiven historischen Erinnerungen, die in unserem eigenen psychischen Erfahrungsraum Sinn stiften, kann schnell zur mythologischen Falle werden. Man ist an die Erfüllung eines bestimmten Mythos gebunden, die zwar sinngebend sein mag, aber nicht unbedingt sinnvoll. Oft baut man selbst an einer solchen Falle mit, denn man kann sich dem Reiz, in seinen Aktionen und Taten etwas Be-Deutendes zu sehen, nicht entziehen.

Deutlich wird das an dem schon erwähnten Beispiel der Übernahme eines mythischen Musters durch einen zeitgenössischen Politiker. Als John F. Kennedy sich mit Artus vergleichen ließ, verband er sich mit dem mythischen Muster, von dem auch Artus wieder nur eine Facette darstellte: dem Erlösermythos. Mit seiner Wahl zum Präsidenten 1961 erhofften sich nicht nur die Bürger der USA, sondern auch die Bewohner zumindest der »Länder des Westens«, von diesem charismatischen Politiker eine Lösung aller Weltprobleme. Kennedy selbst nannte seine Politik »new frontier« – einen »Aufbruch zu neuen Ufern«, zur neuen Grenze, in Anspielung auf die alte Grenze, den Wilden Westen Amerikas mit seinem Pioniermythos.

Die hochgesteckten Ziele konnten jedoch nie erreicht werden, da der Erfinder des Programmes einer neuen äußeren und inneren Haltung, die sowohl auf Lösungen wie auf Erlösung abzielte, schon zwei Jahre nach seiner Vereidigung ermordet wurde. Kennedy war Opfer des Erlösermythos geworden, mit dem er sich so ausdrücklich hatte identifizieren lassen.

Wer sich dem Erlösungsgedanken verschreibt und meint,

die Welt »be-freien« zu müssen durch sein persönliches Handeln und Beispiel, begibt sich in die Märtyrerrolle und folgt damit dem Beispiel der großen Erlöser. Sokrates, Jesus, Gandhi, Martin Luther King, John Lennon oder Olof Palme, alle wurden ermordet. Tyrannen, Diktatoren und Schreckensherrscher neigen hingegen dazu, Attentate zu überleben (einen Mythos des bösen Königs, der jung erschlagen wird, gibt es eben nicht).

Der Tod des Erlösers, jenes stets unverständliche und doch äußerst sinn-volle Ereignis, durch das die Welt weiterhin unerlöst bleibt, ist offenbar »self-fulfilling-prophecy«. Dem Erlöser fließt unsere, ihn in seiner Rolle bestätigende Zuneigung zu, weil er sich eine unerfüllbare Aufgabe erwählt hat. Wir spüren, daß die Welt erlöst werden sollte, aber die Erfahrung lehrt uns, daß sie wohl nicht erlöst werden kann. Der Erlöser muß also immer eine tragische Figur sein und entsprechend tragisch enden. Die Bibel verschiebt deshalb in der Johannes-Offenbarung die Erlösung schon vorsichtshalber auf das Weltende, den Tag des *Jüngsten Gerichts*. Eigentlich ist hier das Mißtrauen vor der Erlösung auf die Spitze getrieben. Statt die Welt zu erlösen, wird sie lieber ganz abgeschafft. Aber ebenso sicher wie das vorzeitige Ende aller Welterlöser ist unsere Gewißheit, daß es eines solchen Erlösers bedarf.

Die Weiterentwicklung des Erlösermotivs findet man in der mit dem Artusmythos verbundenen Parsifalgeschichte. Parsifal kehrt nach langer Suche in die Gralsburg zurück, um den dahinsiechenden Rittern neue Kraft und damit Erlösung zu bringen. Während er die Wunde des Gralskönigs Amfortas schließt und selbst das Königsamt übernimmt, schwebt über ihm die Gralstaube und verkündet: »Höchsten Heiles

Wunder. Erlösung dem Erlöser« (jedenfalls hörte Wagner sie so gurren).

Parsifal bedeutet wörtlich: »Durchdringe das Tal!« Dieser mythische Weg vom Dunkel zum Licht, von der Falschheit zur Wahrheit, vom Unbewußten zum Bewußten wird jedem Helden zugewiesen. Aber der Erlöser, der sich selbst nicht erlöst, also »versteht«, kann auch sein Erlösungwerk nicht vollenden. Er erscheint als Herold des Lichts, weist den Menschen den Weg und verschwindet, bevor seine Taten wirksam werden können. Denn nur als Erlöser, der sein Werk nicht vollendet, wird sein Leben zu Geschichte und bildet sich im Mythos ab. Die Beinahe-Befreiten erkennen beruhigt den Sinn seines Lebens: »Es mußte ja so kommen. Es erwischt immer die Besten.«

Die psychologischen Muster im Verhalten von Erlöser und zu Erlösenden sind auf der Verstandesebene leicht zu durchschauen. Dies scheint ihre Wirksamkeit aber nicht im geringsten zu beeinträchtigen. Den Erlöser stört die Frage nicht, ob die Welt überhaupt erlöst werden will und damit nicht das Gleichgewicht der in ihr waltenden Kräfte gestört würde. Auch das tragische Ende seiner mythischen Vorgänger schreckt ihn nicht ab. Die Verführung durch die Rolle ist stärker. Und wenn einer dieser Verführung tatsächlich widerstehen kann, verliert er seinen mythischen Glanz – er ist dann eben doch kein wahrer Erlöser. Im öffentlichen Bewußtsein entlarvt ihn seine Fähigkeit zum Überleben geradezu als Betrüger, wie wir am Beispiel von Michail Gorbatschow noch zeigen werden. Denn auch die auf Erlösung Hoffenden sitzen mit dem Erlöser in der mythologischen Falle. Erst das Scheitern bestätigt den Erlöser in seiner Rolle und gibt ihm die relative Unsterblichkeit im mythischen Bewußtsein der Öffentlichkeit.

Daß die Welt nicht erlöst werden kann, gehört zu den tief verwurzelten Erfahrungen, von denen wir uns nicht befreien können, da sie den Menschen seit Jahrtausenden täglich bestätigt wird. Ebenso sicher aber braucht diese Welt Erlösung. So fand das kollektive Bewußtsein der Menschen im Mythos vom Erlöser, der sein Werk nicht vollenden kann, die passende Geschichte zu seinen Erfahrungen. Hoffnung und Freude birgt diese Geschichte nicht, aber sie steht im Einklang mit der Erfahrung und ergibt so einen Sinn, dem sich auch die Opfer dieses Mythos nicht entziehen können oder wollen.

Warum man den Helden nicht mit seinem Mythos verwechseln darf

Der Mensch *muß* aber dem Mythos nicht ausgeliefert sein. Held oder Heldin der mythischen Geschichte spielen in ihr eine Rolle. Und weil es nur eine Rolle ist, kann man sie auch ablegen. Oft verwechseln wir bei den mythischen Rollenträgern, die uns im Alltag begegnen, die Rolle mit der Person – ja, alle Beteiligten haben regelrecht Freude an einer solchen Verwechselung. Wie bei Hollywoodstars erwarten wir, daß der Star des von uns geliebten Mythos wirklich so ist. Kein Wunder, daß die Stars in ihren Interviews so oft beklagen, daß sie mit ihrem Privatleben nicht dem öffentlichen Wunsch nach Rollenidentität gerecht werden. Wenn ein Sexstar wie Sharon Stone verkündet, daß sie im Privatleben einfach wenig an Sex interessiert ist, glaubt ihr das einfach niemand. Genausowenig wie man Clint Eastwood abnehmen würde, daß er eigentlich ein Blumen liebender Pazifist ist.

Die Frage, weshalb Gorbatschow, anders als Kennedy, nicht erschossen wurde, läßt sich einfach beantworten. Er hat sich seinem Mythos entzogen. Kein Wunder also auch, daß der ehemalige Präsident der Sowjetunion heute beim eigenen Volk als Verräter gilt und sich nur im Westen hohen Ansehens erfreut. Zu Hause hat man im übelgenommen, daß er seine Erlöserrolle nicht bis zum tödlichen Ende spielen wollte, was man ihm sicher mit posthumer Heldenverehrung gedankt hätte.

Wäre der große Veränderer Gorbatschow vorbehaltlos in die Rolle des Märtyrer-Erlösers geschlüpft, hätte er den August 1991 nicht überlebt. Aber sein wechselndes Paktieren mit den unterschiedlichen Machtgruppen des Landes und seine ständige Kompromißbereitschaft zeigten sein Bemühen, genau dieser Rolle zu entgehen. Als scheinstarkem Mann blieb ihm das Märtyrertum erspart, und es gab nur einen Putsch*versuch*, aber keinen Mord auf der Krim. Hinzu kommt, daß jemand, der neben Perestroika auch Glasnost, also Öffnung und Transparenz, propagierte, schlecht ermordet werden kann. Denn der Mythos von »Aufdeckung und Durchblick«, der Gorbatschow umgab, hätte die Hintermänner eines Mordes schnell entlarvt und zu einem Bürgerkrieg führen können – ein Risiko, das die Drahtzieher des Putsches wohl nicht eingehen wollten. Durch Glasnost schuf Gorbatschow sich seine Tarnkappe, jenes geheimnisvolle Etwas, das ihn sichtbar »unsichtbar« und damit unverletzbar machte.

Kennedy verwechselte sich dagegen selbst mit König Artus und scheiterte – programmgemäß. Er war von seiner Mission so überzeugt, von der Tiefe seiner Botschaft so überwältigt, daß er gerade von einem derer, denen er Hoffnung zu geben versuchte, umgebracht werden konnte; nicht zuletzt, weil er die Nähe zum Volk brauchte und deshalb die Sicherheitsmaßnahmen weitgehend eingeschränkt hatte. Die Schüsse fielen über die Köpfe einer Menschenmenge, die der Präsident zum Besten hatte formen wollen. Und sofort wurde auch sein Tod in den Mythos eingepaßt und bildete eine eigene Mythe. Natürlich konnte hinter dem Tod des Erlösers nur Verrat stehen, und das hieß in diesem Fall, es mußte einfach eine Verschwörung gegen ihn gegeben haben.

Zum Erlösermythos gehört zwingend das Judasmotiv – der Verrat aus den eigenen Reihen. Ob es tatsächlich eine Verschwörung gegen den Präsidenten gab, spielt dabei keine Rolle. Im Gegenteil, je schwieriger eine solche Verschwörung nachzuweisen ist, desto besser paßt sie zum Erlösermythos, denn der Erlöser scheitert schließlich am Bösen an sich, von dem die Welt beherrscht wird. Die von Oliver Stones Film »JFK« beschworene Verschwörung ist deshalb »mythologisch« wahr, der Nachweis nicht erforderlich.

Kennedys Bruder Robert wiederholte fünf Jahre später das Erlöserrollenspiel und fand das gleiche Ende. Die Rockmusik mit ihrem scharfen Blick für stimmige mythische Bilder gab dann die klarste Antwort auf die Frage nach den Mördern der Kennedys. In »Sympathy for the Devil« bekennt sich der von Mick Jagger gesungene Teufel zum Mord an den Kennedys: »I shouted out: Who killed the Kennedys? When after all it was you and me.« Wer sonst als das Böse in uns, der Teufel, sollte es gewesen sein? Schließlich ist das ja sein Job.

Möglicherweise wäre auch Bruder Edward das gleiche Schicksal widerfahren, aber ihn schützte sein Sündenfall. Wegen seiner Verwicklung in einen Autounfall und den Tod seiner Beifahrerin verzichtete er auf die Bewerbung um das Präsidentenamt und verweigerte sich dem Mythos. Gefallene Engel sind eben keine Erlöser.

Auch der neue US-Präsident Clinton scheint klug genug zu sein, sich von seiner mythischen Rolle des »Erneuerers/Erlösers«, die er im Wahlkampf übernahm, nicht gefangennehmen zu lassen. Er betreibt eine pragmatische Realpolitik ohne mythische Gesten – und erhielt, per Meinungsumfrage, prompt die Quittung des enttäuschten Wahlvolks. Man nimmt ihm den Rollenverrat übel und gab ihm nach einem halben Jahr im Amt die schlechtesten Noten seit Einführung der Demoskopie. Die Gefahr als erschossener Märtyrer zu enden, dürfte bei ihm inzwischen gegen Null tendieren.

Wie man lernt, die mythischen Muster zu durchschauen, denen wir uns ausliefern, und dann die Kraft findet, sich von den eingefahrenen Rollen zu lösen, bevor wir ihnen zum Opfer fallen, werden wir später noch genauer besprechen. Hier wollen wir festhalten, daß wir nicht notwendigerweise als Sklave des Mythos enden müssen, wenn wir ihn erkennen und durchschauen lernen. Wir leiden an einer anerzogenen Ignoranz gegenüber dem Mythos, die uns immer wieder dazu verführt, seine Macht zu unterschätzen. Wir meinen eine mythische Rolle spielen zu dürfen und sie zu unserem Nutzen einsetzen zu können, ohne die umfassende Macht zu erkennen, der wir uns damit ausliefern.

Der Hollywoodtrick
oder Wie man erfolgreich Geschichten erzählt

Der Zauber mythischer Geschichten beherrscht unsere Gegenwart wie alle Zeiten vor uns. Nicht nur in der Politik begegnen wir ihrer Macht. Ohne den gezielten Einsatz von Mythen wäre der Erfolg der modernen Unterhaltungsindustrie im Zeitalter der Massenkommunikation gar nicht möglich. Wie sollte man Geschichten erfinden, die man weltweit in Hunderten von verschiedenen Ländern und Kulturen vermarkten kann, wenn man nicht auf vertraute Muster zurückgreifen könnte, die alle Menschen emotional berühren. Nirgendwo ist das bisher so nachhaltig erkannt und umgesetzt worden wie in der amerikanischen Unterhaltungsindustrie, die dem Einsatz ihrer mytho-»logischen« Kenntnisse eine einzigartige internationale Vormachtstellung verdankt. Wer wissen will, was dagegen Mythenignoranz und falsch verstandene Aufklärung in bezug auf die Fähigkeit, Geschichten zu erzählen, bewirkt, der sollte sich nur die Reste der einstmals blühenden deutschen Filmindustrie ansehen.

Nicht jedes Produkt Hollywoods benutzt mythische Muster. Man kann den Zuschauer auch einfach nur in der Form der Soap opera unterhalten, indem man ihm den Alltag komödiantisch oder sentimental überhöht darstellt und so seinen Voyeurismus befriedigt, ohne daß die Geschichten eine Be-Deutung hätten. Insbesondere für das Fernsehen mit seinem Hunger nach täglich zu verbrauchender Massenware reicht die Befriedigung dieses Voyeurismus meist aus. Aber wenn man eine Geschichte haben will, die im Kino wie am

Bildschirm Millionen fesseln soll, kann man auf eine Be-Deutung nicht verzichten.

Bis in die siebziger Jahre fand der Rückgriff auf den Mythos in Hollywood über die Verwendung der Erzählmuster des Märchens und der Heldensagen eher unbewußt statt. Genres wie der Western sind ohne eine mythische Grundlage gar nicht vorstellbar. Aber in der zweiten Hälfte der Siebziger kam eine neue Generation von Regisseuren zum Durchbruch, die aus dem amerikanischen Film das machten, was er heute ist. George Lucas (»Krieg der Sterne«) und Steven Spielberg (»Begegnung der 3. Art«, »E. T.« und »Jurassic Park«) waren Schüler des New Yorker Mythenforschers Joseph Campbell, dessen Bücher sich heute in den Regalen fast aller Chefdramaturgen der großen Hollywoodstudios finden. Aus seinen Forschungen entwickelten Drehbuchautoren wie Thomas Schlesinger oder Keith Cunningham eine eigene Drehbuchlehre, die inzwischen zum Handwerkszeug aller erfolgreichen Hollywoodautoren gehört.

Der New Yorker Professor und Doyen der amerikanischen Mythenforschung Joseph Campbell sammelte und verglich die Mythen aller Völker und Zeiten. Dabei stieß er auf eine gemeinsame Struktur, ein verbindendes Erzählmuster, das allen Kulturen gemeinsam ist. Diese Struktur nannte er den Monomythos. Er findet sich bei den Eskimos wie bei den Kelten, bei den Maya wie bei den Griechen oder Indern. Der Monomythos ist an die Figur des Helden gebunden, das heißt, er ist ein Erzählmuster, das sich in jeder Heldengeschichte findet. Später erkannte Campbell, daß es noch andere solcher universellen Muster gibt, von denen wir einige in den noch folgenden Kapiteln über Liebe oder Geld beschreiben werden. Aber für die Filmhelden des neuen Hollywood lieferten seine Analysen praktisch fertige Anleitungen, wie eine erfolgreiche Geschichte abzulaufen hat. Denn Geschichten nach der Struktur des Monomythos entsprechen der Landkarte unserer Psyche und werden daher von Menschen aller Kulturen dieses Planeten als psychologisch überzeugend und emotional glaubhaft anerkannt. Eine bessere Grundlage für ein weltweit zu vermarktendes Medienprodukt dürfte es daher kaum geben.

Die vom Monomythos erzählte Geschichte ist die des Helden auf einer inneren und äußeren Reise. Dabei hat der Held bestimmte Stationen zu durchlaufen, auf die wir später noch ausführlicher eingehen werden. Er muß bestimmte Schwellen überschreiten und verschiedene Prüfungen ablegen, um am Ende zur Ganzheit seines Selbst und zum Eins-Sein mit dem Kosmos zu finden – er muß also sein menschliches Potential erfüllen. Alle Heldenfiguren in den Mythen der unterschiedlichen Kulturen folgen diesem Muster. Wenn wir uns den Helden im 2. Kapitel etwas genauer ansehen, werden wir feststellen, daß keiner von uns sich dem entziehen kann, sobald er den Weg der »heldischen« Selbstentwicklung erst einmal eingeschlagen hat.

Da die Medien bereits so erfolgreich mit Mythen arbeiten und Erkenntnisse der Mythenforschung sich genau wie andere wissenschaftliche Forschungsergebnisse praktisch anwenden lassen, zum Beispiel in der Massenkommunikation, bleibt die Frage, warum es uns weiterhin so schwerfällt, die Macht der Mythen in unserem persönlichen Alltag zu erkennen.

Aufklärung
contra Mythos?

Seit der Aufklärung meinen wir dem mythischen Denken entwachsen zu sein, das von der menschlichen Vernunft abgelöst worden sein soll. Nachdem Immanuel Kant verkündet hat, Aufklärung sei das Erwachen des Menschen aus seiner selbstverschuldeten Unmündigkeit, wird in den westlichen Kulturen eine Erziehung zu einem Rationalismus betrieben, den seine Forschrittsgläubigkeit gegenüber dem Fortbestehen zeitloser geistiger Grundstrukturen, wie dem Monomythos, weitgehend blind gemacht hat. Der Fortschrittsglaube ist selbst zu einem Mythos geworden – zu einem kurzlebigen allerdings, dessen Niedergang uns zur Zeit überall in der Welt begegnet.

Die Menschen begannen im Zeichen der Aufklärung ihr ursprüngliches mythisches Wissen zu verdrängen und verloren somit immer mehr die Fähigkeit, in mythischen Zusammenhängen zu denken oder sie zu erkennen. Der als Vater der neueren Philosophie gerühmte Descartes begründete den modernen Rationalismus mit seiner Schlußfolgerung: »Ich denke, also bin ich«, die auf den Kirchenvater Augustinus und sein »Wenn ich zweifle, bin ich« zurückgeht. Erst in diesem Jahrhundert begann sich unter anderem durch die Ergebnisse der biologischen Erkenntnisforschung langsam wieder die Einsicht durchzusetzen, daß dieses Denken keineswegs dem reinen kritischen Intellekt entstammt, wie ihn Descartes postulierte, sondern daß unsere Gedanken, egal was wir meinen zu denken, bestimmten biologisch programmierten Mustern folgen.

Eine kleine Satzzeichenkorrektur, wie sie der deutsche Lyriker Ulrich Timms ersann, macht die Problematik des Aufklärungsgedankens amüsant deutlich:

ich denke, also bin ich.
ich bin, also denke ich.
ich bin also, denke ich?
ich denke also, bin ich?

Der moderne Mensch muß ständig zwischen einer von den Naturwissenschaften geprägten Welt ohne metaphysischen Hintergrund und einer Glaubenshaltung ohne rationale Ebene pendeln und unterliegt damit einem stetigen Kampf zwischen Wille und Vorstellung. So ist er verloren in einer Verfassung, die permanentes Reflexionsbedürfnis verlangt, ohne daß es ihm gelänge, sich zuerst einmal selbst zu definieren. Er beginnt Realität und Wirklichkeit zu verwechseln. Denn Realität meint die sichtbare Totalität der Welt, während Wirklichkeit ein Geflecht darstellt – ein Verwobenes, Gewirktes, das über sich selbst hinaus wirkt.

Realität ist zwar deutbar, aber sie besitzt im Sinne der Aufklärung keine Bedeutung, sondern ist nur die Summe aller erfaßbaren und bezifferbaren Dinge. Wahrheiten, die nicht aus der Dimension dieser Realität stammen, weil sie eine Be-Deutung haben, können im Sinne der empirischen Rationalität nur verschleiertes Unwissen sein. Von dort führt der Weg unmittelbar zu dem Kurzschluß, daß alles, was nicht real ist, nicht existiert und damit auch nicht wahr ist. Der Mythos aber gehört eindeutig zur Wirklichkeit und nicht zur Realität. Seine Wahrheit ist die seiner Be-Deutung. Deshalb stellt er den kritischen Intellekt der Aufklärung in Frage.

Als Ausweg aus diesem Dilemma stürzte sich die aufklärerische Pädagogik auf den Mythos als einen Hauptfeind, den es aus den Köpfen wegzurationalisieren galt. Überlieferte Mythen wurden zum Gegenteil der »wahren« Historie und zu Auswüchsen des unaufgeklärten Unwissens des Menschen. So interpretierte man zu Beginn des vorigen Jahrhunderts Homers mythische Epen gern als zusammengestoppelte minderwertige Unterhaltungsware der vorhellenistischen Zeit. Archäologie, Philologie und Geschichtsforschung im Dienste der Aufklärung mußten den homerischen Mythos entlarven, mußten beweisen, daß diese Geschichten eben keine Realität haben konnten. Unter diesen Umständen war Schliemanns Suche nach einem realen Troja eine empörende Herausforderung, die ihm Spott und Wut der meisten aufgeklärten Zeitgenossen eintrug. Als er dann schließlich Troja entdeckte, konnte man ihm selbstverständlich nicht glauben. Schon daß der Mythos an dieser Stelle in die Realität hineinragte, war für die »aufgeklärte« Wissenschaft zuviel. Im Gefolge von Schliemanns Entdeckungen und immer weiteren Beweisen für die im Mythos sich widerspiegelnde historische Realität wandelte sich die Kritik am Mythos von seiner Entlarvung als Lüge zu einer Historisierung als »Wahrheit früherer Epochen«. Der Materialismus des beginnenden 20. Jahrhunderts, wie er von den Anhängern der Marxschen Lehren um die Welt getragen wurde, machte schließlich aus dem Mythos, in Erweiterung von Marx' Religionskritik, »Opium für das Volk«. Sobald die »aufklärerischen« Marxisten aber an der Macht waren, setzten sie dieses Opium konsequent ein und wurden bei der politischen Instrumentalisierung von mythischen Mustern nur von den Nazis übertroffen. Das Lenin-Mausoleum legt davon beredtes Zeugnis ab, genau wie der nur mit biblischer Exegese vergleichbare pseudowissenschaftliche Kult um die Marx-Engels-Gesamtausgabe. Gerade hier zeigt sich deutlich, daß »Wissenschaft« im Sinne der Aufklärung nur eine Methode darstellt, aber keine Be-Deutung liefern kann.

Die Entzauberung der Welt hat nie stattgefunden

Immer lauter wurde deshalb in den siebziger Jahren eine Wissenschaftskritik, die das ganze Paradigma der Aufklärung als Grundlage der Wissenschaft für überholt und wandlungsbedürftig hielt. Die Postulierung eines Paradigmenwechsels wurde von Autoren wie Gregory Bateson, Fritjof Capra und Morris Beermann popularisiert. Dabei fand die neue Wissenschaftsauffassung besondere Unterstützung bei den Physikern, die seit Heisenbergs Quantentheorie bei der Erforschung der kleinsten Teilchen immer nachhaltiger mit der Erkenntnis konfrontiert wurden, daß es eine »objektive« Realität gar nicht gibt, sondern alles »empirisch rational« Beobachtete gleichzeitig vom Beobachter beeinflußt wird, so wie es auch ihn beeinflußt.

Daraus ergibt sich die eigenartige Situation, daß es bei bestimmten Messungen an kleinsten Teilchen zwei in sich widersprüchliche Ergebnisse geben kann, je nachdem wie man die Messung vornimmt. Ohne in die naturwissenschaftlichen Details der Quantentheorie einsteigen zu wollen, sei hier kurz ein berühmtes Gedankenexperiment des Wiener Physikers Erwin Schrödinger beschrieben. Wenn man auf die bis zum äußersten verfeinerten Meßapparate, mit denen man

Photonen wahrnimmt, eine Apparatur anschließt, die auf Grund der Messung reagiert und mit einem entsprechend ausgelösten Impuls eine Katze tötet, sobald der Meßapparat eine bestimmte Messung vornimmt, entsteht eine paradoxe Situation. Denn da die Messung zwei unterschiedliche Teilchenwahrnehmungen nicht als ein einziges Ergebnis registrieren kann, müßte die arme Katze in diesem Fall gleichzeitig tot und lebendig sein. Zur Ehrenrettung Schrödingers und zum Trost aller Katzenfreunde sei hier gesagt, daß dieses Experiment nie in der Praxis durchgeführt wurde.

Schrödinger ging es dabei auch nicht darum, aus Katzen physikalische Versuchstiere zu machen, sondern er bewies mit diesem Gedankenexperiment anschaulich, daß die empirische Meßbarkeit der Dinge, also die von der Aufklärung postulierte Wissenschaftlichkeit in der Weltbetrachtung, eine objektive Grenze hat. Die Wirklichkeit ist nicht überall meßbar und verlangt andere Wahrnehmungen als sie der aus der Aufklärung entstandene Vulgärmaterialismus, die noch immer vorherrschende Denkweise des Westens, erlaubt.

Zur Annäherung an den Mythos taugen viele wissenschaftliche Instrumentarien nichts, denn sie versetzen ihn in die merkwürdige Existenzform von Schrödingers Katze — er ist einerseits tot, weil er nicht real ist, andererseits lebendig, weil man seine Wirkung nachweisen kann. Die mangelnde Realität des Mythos beruht aber nur auf der Unfähigkeit bestimmter Beobachter, etwas als wirksam anzuerkennen, was nicht in ihr Weltbild paßt. Weil die moderne Wissenschaft zur Erfassung der Wirklichkeit wenig beitragen konnte, hat sie uns eingeredet, daß es jenseits der Realität keine Wirklichkeit gibt. Der daraus entstandene blinde Materialismus hat den Menschen anfälliger für die Kräfte all jener unsichtbaren Mächte der Wirklichkeit gemacht, unter deren Einfluß er steht und zu denen der Mythos gehört.

Statt die Wirklichkeit zu entmystifizieren, also ihr Wirkungsgefüge durchschaubarer zu machen, hat die Aufklärung uns für viele Bereiche der Wirklichkeit so blind gemacht, daß wir ihrem Zauber hilflos ausgeliefert sind. Demgegenüber stehen zwar gewaltige Erfolge in der Beherrschung der Realität, leider ohne daß wir noch recht erkennen können, was diese Realitätsbeherrschung bedeutet, denn sie erlaubt uns ausschließlich das zu beherrschen, was wir als Realität wahrnehmen. Durch diese eingeschränkte Wahrnehmungsweise sehen wir zwar auch in unserem persönlichen Leben immer genauer, was wir tun, aber wir verstehen immer weniger, was es be-deutet. Wie bei einem Gobelin sind die Muster im Gewebe der Wirklichkeit nicht zu erkennen, wenn man besonders nahe herangeht und die Fäden mit der Lupe untersucht. Wenn man alle Fäden isoliert betrachtet, kann man kein einziges der eingewebten Bilder erkennen.

Den Mythos erkennen oder sein Sklave sein

Das Wort »Text« stammt vom lateinischen »textere« — weben, wirken. Wie ein Text auf den Leser wirkt, so wirkt auch die Wirklichkeit auf den, der sich in ihr aufhält – sie ist »wirklich«. Die moderne Gehirnforschung hat langsam erkannt, daß sich jedes Individuum seine eigene Wirklichkeit innerhalb der Realität schafft, das heißt, der einzelne Mensch inszeniert seine Wirklichkeit für sich selbst wie ein Bühnenstück.

Bei der Erschaffung dieser individuellen Wirklichkeit wirkt keine allgegenwärtige kollektive Vernunft, kein zu sich selbst gekommener Weltgeist im Sinne Hegels, sondern ein aus den Mythen unserer Kultur zusammengesetztes kollektives Unbewußtes. Wir greifen auf die Handlungsgefüge zurück, die uns der Mythos als bewährte Geschichte zur Abbildung unserer Erfahrungen anbietet. Indem wir zwischen den unserem Unbewußten vertrauten Geschichten und dem modernen Leben vergleichen, können wir erkennen, welchen vorgegebenen Mustern wir bei unserer Selbstinszenierung folgen. Und diese Erkenntnis zeigt uns, wie wir diese für ein sinnvolles Leben nutzbar machen können, wenn wir sie bewußt einsetzen.

Damit wir dem Zauber des Mythos nicht erliegen und unsere inszenierten Geschichten mehr lieben als das eigene Leben, ist es notwendig nachzuforschen, ob die Geschichte, die wir gewählt haben, uns den zum Überleben nötigen Erfahrungsraum schafft oder ob sie uns einengt und schließlich erstickt. Wir müssen lernen klar zu sehen, in welche Richtung uns das mythische Muster führt. Merken wir z. B., daß es in einer Tragödie enden wird, wäre es an der Zeit, sich eines anderen Mythos zu bedienen, ein neues Bild von sich selbst zu entwickeln.

Damit *beide* Muster, das von sich selbst überzeugte »Ich denke, also bin ich« und das selbstzweiflerische »Ich denke also, bin ich?« gleich wirksam werden, sollten wir damit beginnen, einerseits Realität und Wirklichkeit wieder klar voneinander zu unterscheiden, andererseits aber beide gleichzeitig zu überwinden lernen.

Das würde bedeuten, auf den unbewußten Lustgewinn und das Sicherheitsgefühl, die uns das Verfolgen vertrauter

Lebensmuster und Wiederholen stimmiger Geschichten bringen, zu verzichten und statt dessen eine Form des menschlichen Erkennens zu schaffen, die mit einer gewissen Heiterkeit die eigene Psychodynamik von außen betrachtet.

Wenn, wie C. G. Jung annahm, die Psyche der Spiegel der Außenwelt ist, so bleibt uns die Aufgabe, die Innenwelt nach außen zu transportieren – was wir eben genau dann tun, wenn wir Wirklichkeit inszenieren. Sobald wir gelernt haben, uns innerhalb dieser Inszenierung auf der Bühne »Welt« frei zu bewegen, ist das Ego auch in der Lage, die Ebene, auf welcher sich die innerpsychischen Vorgänge abspielen, zu beherrschen: Das Ich hat sich selbst durchschaut. Aufklärung und Mythos gehen Hand in Hand und ihr Wahlspruch lautet: »Ich denke *und* bin, weil ich bin *und* denke!«

Männermythen:
Stolpersteine für Helden

Um das Wirken mythischer Formen klarer zu erkennen, betrachten wir zunächst die beiden mythischen Grundgestalten, von denen wir alle die eine oder die andere in unserem Leben darstellen: Mann und Frau.

Der Mythos hält für Männer und Frauen unterschiedliche Rollenangebote bereit. Der Mann wirkt als Täter verändernd in der Welt und soll lernen, die Außenwelt zu beherrschen, indem er Herr seiner eigenen Innenwelt wird. Für die Frauen ergeben sich ihre Rollenangebote aus ihrer Verbindung zur Schöpfungskraft der Natur, das heißt, sie sind Mittlerinnen des Göttlichen und werden so im Mythos als Göttinnen dargestellt. Selbstverständlich können Frauen in Männerrollen schlüpfen und umgekehrt, aber über die mythischen Muster der Geschlechter erfahren wir erst etwas, wenn wir das Geschlechtsspezifische ihrer Rollen untersuchen.

Beim Mythos des Helden halten wir uns an den Monomythos, wie ihn Joseph Campbell beschrieben hat und wie wir ihn bereits im vorhergehenden Kapitel als Grundlage von universellen Handlungsmustern angesprochen haben. Dieser Monomythos zeigt die Heldenrolle als einen männlichen Entwicklungsweg, der über verschiedene Schwellen führt. Zu Beginn steht ein Erlebnis, das den Helden aus seiner bisherigen Lebenswirklichkeit herausreißt. Das kann ein äußeres oder inneres Erlebnis sein: eine einschneidende Veränderung der Lebensumstände ebenso wie ein Traum oder eine überraschende Erkenntnis.

Der Held begibt sich, davon angetrieben, auf eine abenteuerliche Reise, das heißt, er unternimmt etwas in der Welt mit unbekanntem Ausgang. Während dieses Abenteuers begegnen ihm Figuren, die ihn unterstützen oder sich ihm in den Weg stellen. Meist spiegeln diese Figuren seine inneren Konflikte, denen er sich durch ihr Auftreten stellen muß. Der Held lernt, sich in der Welt des Unbekannten, in die ihn sein Abenteuer geführt hat, zurechtzufinden. Es erfolgt eine Initiation – eine Art Aufnahme in die neue Welt –, durch die er von den dort wirksamen Kräften anerkannt wird.

Danach muß er in den dunkelsten Bereich dieser neuen Welt vordringen – den Hades, eine Drachenhöhle, das Hauptquartier des Feindes. Gleichzeitig zwingt ihn dieses Wagnis auch, in die Abgründe seiner Psyche hinabzusteigen. Um die äußere und innere Bedrohung zu überwinden, muß der Held sich mit seinem eigenen Tod konfrontieren. Erst wenn er diese Begegnung mit dem Tod durchstanden hat, kann er wiedergeboren werden und durch diese geistige Wiedergeburt zum Beherrscher der Innen- und Außenwelt werden, die er sich neu erschlossen hat.

Von diesem Urmythos des Helden stammt das Muster, dem die Protagonisten der Heldensagen aller Kulturen gefolgt sind. Dabei haben sie ihre Rollen unterschiedlich erfolgreich gespielt, denn sie sind ja immer nur Darsteller des Mythos gewesen – nicht zu verwechseln mit dem Mythos selbst. Aus der Art, wie die Gestalten eines Herkules, Achill, Theseus, Gilgamesch, Siegfried oder Artus ihre Rollen spielten, entstanden Heldenmythen als Ausdruck des zugrundeliegenden Monomythos. Diese Heldenmythen zeigen die verschiedenen Möglichkeiten im Durchleben der Rolle und die Fallen, denen sich der Held auf seinem Weg gegenübersieht. Nicht unbedingt der erfolgreichste Held ist dabei der populärste geworden, denn das Scheitern im Heldentum ist ja eine viel geläufigere Erfahrung als die erfolgreiche Bewährung und verlangt deshalb nach Abbildung.

Darum bedeutet die Identifikation mit einem dieser Helden und die Inszenierung seiner Mythe nicht unbedingt, den Weg des Helden, wie ihn der Monomythos verlangt, auch zu Ende gehen zu können. Im Gegenteil ist es viel wahrscheinlicher, daß sich bei der unbewußten Kopie dieser »Heldenmuster« der Darsteller in die gleiche Falle begibt wie sein mythologisches Vorbild. Das Beispiel Kennedy haben wir schon beschrieben. Um den Blick für die mythischen Fallen der Heldenrolle zu schärfen, wollen wir uns noch einige andere derzeit prominente Darsteller ansehen.

Donald Trump auf den Spuren des Herkules

Natürlich ist die mythologische Perspektive der Biographie einer Persönlichkeit immer nur eine von vielen möglichen Betrachtungsweisen. Sie läßt Rückschlüsse über ihr Verhalten und ihren Lebensweg zu, aber sie kann nicht vorhersagen, was die betreffende Person am nächsten Tag entscheidet. Erst die Summe der vielen Entscheidungen und Selbstdarstellungen in einem Leben ergibt ein mythisches Muster. Und auch wenn es erkennbar wird, wissen wir noch nicht, ob der Mensch sich ihm ausgeliefert hat und von ihm beherrscht wird oder ob er es sinnvoll einsetzt, um seine eigene Entwicklung voranzutreiben. Trotzdem kann uns der Blick auf das Muster helfen: Wir erkennen die Fallen, die uns oder anderen drohen, und wir gewinnen die Initiative zurück, dem Mythos unseren eigenen Gestaltungswillen gegenüberzustellen.

Ob jemand eine Heldenrolle spielt, ist nicht die Frage. Männern werden, solange sie leben, diese Rollen vom Mythos angeboten, und ihr Ego entwickelt sich im Wechselspiel von Annahme und Ablehnung solcher Rollen. Die entscheidende Frage ist also nicht, ob jemand eine solche Rolle spielt – denn auf die eine oder andere Art tut das jeder –, sondern *welche* er spielt und *wie* er sie ausfüllt. Dabei ist das »Mythische« bei Persönlichkeiten, die sich in der Öffentlichkeit mit ungewöhnlichen Leistungen exponieren, leichter erkennbar. Oft ist dieser Hang, sich nach außen zu produzieren, allerdings kein Zeichen der gelungenen Bewältigung einer Heldenrolle, sondern weist gerade darauf hin, daß der Darsteller an einer bestimmten Stelle steckengeblieben ist und nun nach dem Souffleur schreit, der ihm weiterhelfen soll.

Eine in ihrem Lebensbild gut erkennbare Persönlichkeit ist der amerikanische Unternehmer Donald Trump, zu dessen exzessiver Selbstdarstellung das Verfassen einer Autobiographie gehörte – im Alter von nur vierzig Jahren. In den siebziger und achtziger Jahren errichtete er in Manhattan und Atlantic City ein gewaltiges Immobilienimperium und galt als eines der Vorbilder der auf schnellen materiellen Erfolg geeichten Yuppie-Generation. Bis Mitte der achtziger Jahre war sein Erfolg so weit gediehen, daß man in ihm bereits einen zukünftigen Präsidentschaftskandidaten sah. Trump stürmte von einem Großprojekt zum nächsten, türmte einen Wolkenkratzer nach dem anderen auf und setzte sich immer größere Herausforderungen. Er selbst nennt als seine Hauptmotivation, daß er etwas Bleibendes schaffen wollte und dazu ständig nach neuen Wegen in der Baufinanzierung und der Architektur suchen mußte. Sein Name sollte zum Synonym für Gestaltungswillen in den zu Beginn seiner Karriere besonders vom Verfall bedrohten Citybereichen der amerikanischen Großstädte werden. In der Tat gelang es ihm, mit seinem Namen die Assoziation von Größe und Macht zu verbinden. So prägt sein Trump-Tower heute das Gesicht der 5th Avenue in Manhattan.

Als typischer Amerikaner hielt Trump nicht viel von historischen Bezügen und sah sein Werk niemals selbst im Zusammenhang mit klassischen Vorbildern. Trotzdem zeigt sein Leben verblüffende Übereinstimmung mit dem Muster des Herkules aus der griechich-römischen Sagenwelt. Wie Herkules war Trump Sohn eines kleinen Königs, nämlich eines erfolgreichen Bauunternehmers, dessen Reich allerdings in Queens lag. Trump schuf sich mit herkulischer Kraftanstrengung sein eigenes Reich und ließ sich davon leiten, einen Kraftbeweis auf den anderen zu häufen – jedes Bauprojekt mußte das vorangegangene an Größe und Sensationalität übertreffen. Bald wurden ihm solche Bauprojekte regelrecht angetragen, weil man seinen herkulischen Gestaltungswillen akzeptierte und ihn trotz seiner verblüffenden Jugend (die größten Erfolge realisierte er im 3. Lebensjahrzehnt) im Reich der New Yorker Baulöwen akzeptierte.

Er selbst und die Öffentlichkeit versahen ihn und seine Arbeit mit Superlativen: gewaltig, machtvoll, unschlagbar – der größte, mächtigste, erfolgreichste Baulöwe der Welt. Trump war unbesiegbar. Schon das deutsche Wort »Baulöwe« zeigt die rivalisierende Heldenmegalomanie dieser Branche deutlich auf. Der Volksmund hat klar erkannt, worum es geht: Löwen ringen um den Königstitel. Niemand käme auf die Idee, von Bautigern oder Betonwölfen zu sprechen.

Die Sage von Herkules, dem stärksten Mann der Welt, hat jedoch einen zweiten Teil. Zwar kann kein anderer Mann ihn bezwingen, kein Ungeheuer und kein Schicksalsschlag ihm etwas anhaben, aber seine Maßlosigkeit verführt ihn dazu, die hart erkämpfte Frau an seiner Seite mit einer fremden Königstochter eifersüchtig zu machen. Die Gattin schenkt ihm das vergiftete Gewand des Nessos und bringt ihn damit um. Herkules ist unfähig, diese Bedrohung zu erkennen, denn für Gefühle ist er blind, wie sich auch bei einigen seiner furchtlosen Taten zeigt. Da er selbst keine Angst kennt, kann er auch die Furcht der anderen vor Verlust und Verrat nicht erkennen und verstehen. So wird er schließlich zum Opfer seiner eigenen Stärke, weil er seine Menschlichkeit nicht wirklich entwickelt hat.

Donald Trump ergeht es nicht besser. Nichts scheint seinen Siegeszug aufzuhalten. Doch dann kommt seine Frau hinter eine Affäre mit einer Jüngeren. Die Medien entdecken einen Skandal. Eine Scheidungsklage in Millionenhöhe wird zum Schlagzeilenthema der Sensationspresse. Zwar kann Trump eine solche Klage finanziell problemlos überstehen, aber sein Nimbus als Sieger ist dahin. Die Öffentlichkeit spürt das mythische Muster: Die eigene Frau wird den Unbesiegbaren stürzen. Und so erfüllt es sich. Banken wenden sich ab, Kredite werden gekündigt. Das herkulische Muster, von dem Trump eben noch nach oben getragen wurde, wird zur Falle.

Jetzt gelten gerade seine früheren Erfolge als Vorboten seines späteren Sturzes. Seine »Herzlosigkeit« im Umgang mit der Ehefrau wird in Verbindung mit dem mangelnden Einfühlungsvermögen für die sozialen Folgen seiner Großprojekte gebracht. Die Sympathie für seinen Leistungswillen schlägt in allgemeine Ablehnung seiner »Skrupellosigkeit« um. Die Lawine rollt nach unten und reißt ihn mit. Ermittlungen wegen Steuervergehen, geplatzte Projekte, Notverkäufe — am Ende der achtziger Jahre ist Trump gesellschaftlich tot.

Wie bei Trump wird das mythische Muster, dem der Held folgt, wenn er die darin verborgenen Aufgaben in bezug auf den Monomythos nicht sieht oder mißdeutet, zur Wurzel seines Untergangs. Denn die Heldengeschichten der Sagen zeigen den Helden in den verschiedenen Aspekten des Scheiterns, und da uns dieses Scheitern nur allzu vertraut ist, können wir uns dem Sog seiner Stimmigkeit irgendwann nicht mehr entziehen. Während Trump aber offenbar eine klare Vorstellung von der Rolle hatte, die er spielen wollte, auch wenn er ihr mythisches Muster nicht durchschaute, gibt es Helden, die sozusagen die Rolle verfehlt haben und sich in der Verliererrolle verstecken, weil sie damit den Anforderungen der herkulischen Seite des Helden entgehen wollen.

Cliff Barnes oder
»Die Angst zu gewinnen«

Von Hermann Hesse stammen die Zeilen: »Im Leeren dreht sich, ohne Zwang und Not, frei unser Leben, stets zum Spiel bereit, doch heimlich dürsten wir nach Wirklichkeit, nach

Zeugung und Geburt, nach Leid und Tod.« Die hier beschriebene Sehnsucht nach dem Mythos müssen auch die Produzenten der amerikanischen Fernsehserie »Dallas« erkannt und ausgenutzt haben. Der überwältigende Erfolg dieser in der Struktur der Soap opera angelegten Fernsehserie in 180 Ländern der Erde kam zustande, weil hier die Muster des Mythos zum ersten Mal auch im Fernsehen konsequent zur Gestaltung eingesetzt wurden. Nicht von ungefähr entstand die Serie in den siebziger Jahren parallel zu den »mythischen« Werken von Lucas und Spielberg und verlor ihre Zuschauer gegen Ende der Achtziger – weniger weil die Figur des geliebten Ungeheuers J. R. verbraucht war, sondern weil die Verwendung dieses mythischen Musters inzwischen in den US-Medien solche Verbreitung gefunden hatte, daß der Serie der Reiz des Neuen und Besonderen verlorengegangen war.

J. R. als Mephisto, Loki und Agamemnon, das geliebte Scheusal, dem man letztlich doch gehorcht, war das Musterbeispiel des entarteten, weil in blinder Erfolgsbesessenheit steckengebliebenen Helden. Sue Ellen, die Ex-Schönheitskönigin, verfiel als eifersüchtige Hera dem Alkohol. Pamela spielte die getreue Penelope ihres edlen Ritters Bobby, der auch Züge des listenreiches Odysseus annehmen konnte. Das Ganze zusammengeführt im Kain-und-Abel-Motiv der feindlichen Brüder, die die vorherige Göttergeneration von Jock und Miß Ellie ablösen müssen. Die bei weitem interessanteste Figur aber ist der ewige Gegenspier der Ewing-Familie: der Widersacher Cliff Barnes.

Obwohl er weiß, daß er seinem Rivalen J. R. nicht gewachsen ist, versucht Cliff Barnes unermüdlich, dem weitaus Größeren und Mächtigeren Paroli zu bieten – und versagt ein um das andere Mal. Der Mythos des Sisyphos, der in der Gestalt des bezeichnenderweise als Rechtsanwalt ausgebildeten Barnes seinen Ausdruck findet, erzählt, wie Sisyphos als Bestrafung durch die Götter einen gewaltigen Felsbrocken auf einen Berg hinaufrollen muß. Immer wenn er den Gipfel fast erreicht hat, schwinden ihm die Kräfte, und der Stein stürzt auf ihn zurück, so daß Sisyphos erneut mit der Arbeit beginnen muß.

Dieser Mythos des »vergeblichen Helden« ist deshalb so interessant, weil sich in ihm das stets wiederkehrende Element des menschlichen Aufstiegsversuches erkennen läßt. Albert Camus nennt seine Betrachtung zu diesem Mythos im Untertitel einen »Versuch über das Absurde«. Er schreibt dazu: »Sisyphos ist der Held des Absurden. Dank seiner Leidenschaft und dank seiner Qual. Seine Verachtung der Götter, sein Haß gegen den Tod und seine Liebe zum Leben haben ihm die unsagbare Marter aufgezwungen, bei der sein ganzes Sein sich abmüht und nichts zustande bringt. Damit werden die Leidenschaften dieser Erde bezahlt.« Sisyphos, Cliff Barnes oder der Mensch an sich werden somit als Ausdruck des Absurden im Leben gewertet. Dahinter steht die »fear of winning«, die Angst zu gewinnen und damit in die eigentliche Heldenrolle des Täters einzutreten. Übrigens nicht »die Angst vor dem Sieg«, denn der englische Begriff spricht nicht von einer »fear of victory«.

Wenn wir Cliff Barnes, dessen Eltern nicht von ungefähr Digger (der Grabende) und Rebecca (die Fesselnde) heißen, als Symbolmenschen verwenden, der zwar gelegentlich gewinnt, aber in einer Welt voller Chancen letztlich versagt, so sehen wir in ihm den Rebellen, der sich gegen das übermächtige Establishment (J. R.) auflehnt, den Terroristen, der mit untauglichen Mitteln das Böse im Staat entlarven will, den Anarchisten, der die Ordnung im Chaos sucht. Das Mächtige kennt aber die Absichten des Cliff-Barnes-Menschen, stellt sich darauf ein und macht alle Angriffe gegen sich zunichte, woraufhin der Angreifer immer wieder von neuem beginnen muß, es sei denn er resigniert. So spielt Cliff Barnes die Rolle des Erlösers, dem das Martyrium versagt bleibt, der nicht in seiner Rolle akzeptiert wird und nur das beständige Scheitern erfährt. Aber aus dem gleichen Grunde, nämlich weil man spürt, daß es unvermeidlich ist, verzeiht man Cliff Barnes sein Scheitern und ist gespannt, auf welche Weise es ihn beim nächsten Mal erwischen wird. Denn die Last, die Sisyphos den Berg hinaufrollt, birgt auch unser eigenes Scheitern, und es entlastet uns zumindest vorübergehend, ihm bei der Arbeit zuzusehen. So spürt Barnes, daß er etwas Sinnvolles tut, auch wenn es ihn seinem Ziel nicht näherbringt.

In der Serie gelingt es ihm tatsächlich ein einziges Mal, seinen durch die Eltern begründeten »Fear-of-winning«-Komplex zu überwinden: als er sich schützend vor das Imperium seiner Schwester Pamela stellt. Cliff Barnes hat sich von seiner negativen elterlichen Programmierung gelöst. Er ist zum Mann geworden – und wird so zum Trost für alle Zuschauer, die es gerade eben doch nicht geschafft haben.

»Der Kampf gegen den Gipfel vermag ein Menschenherz auszufüllen«, schreibt Camus. »Wir müssen uns Sisyphos als einen glücklichen Menschen vorstellen.«

Getriebene Sieger
und gehemmte Verlierer

Donald Trump, J. R., Boris Becker, Franz Josef Strauß, Herkules etc. können typologisch unter dem männlichen Verhaltensmuster des »getriebenen Siegers« eingereiht werden, desjenigen also, der von Sieg zu Sieg eilen *muß*, der ohne Sieg nicht mehr leben kann und letztlich Gefangener eines mythischen Musters geworden ist: Das mythische Bild ist für ihn zur einzigen Realität geworden, hinter der er die Wirklichkeit nicht mehr wahrnehmen kann.

Dieses Motiv erhält seine Bedeutung vor dem Hintergrund des patriarchalen Musters: Die nach der Machtergreifung der Pflugbauern, nach dem von Borneman und anderen sogenannten Ur-Putsch entstandenen Manifestationen der männlichen Macht, die fremde Kulturen missionieren und ihr völlig unbekannte Zivilisationen mit Krieg überziehen, gipfeln in einem Wahn der Machterhaltung und -ausdehnung, in der Rivalität der Großmächte, die in den Weltkriegen und Regionalkonflikten dieses Jahrhunderts über 200 Millionen Menschen das Leben gekostet hat.

Die Vorherrschaft der männlichen Mythen in dieser Welt, das Erscheinen der »phallischen Gewalt«, die schließlich die Schöpfergöttin verdrängte und an ihre Stelle den zürnenden, machtausübenden Vatergott Zeus, Jehova, Jupiter oder Allah setzte, kündigte sich im frühen Stadium durch das Auftreten einer Gliederung an, die heute jedes Gesellschaftssystem bestimmt und über den Materialismus mit seinen wissenschaftlichen »Systemen« tief in unsere Wahrnehmung vorgedrungen ist: das Errichten von hierarchischen Ordnungen. Um solche Ordnungen am Leben zu erhalten, muß derjenige, der an der Spitze steht, dafür sorgen, daß er dort auch bleibt. Diese Vorsorge macht ihn zum Getriebenen, ständig verfolgt von seinen nachdrängenden Untergebenen. Die Untergebenen wiederum werden zu Verlierern, die aus Angst vor Strafe gehemmt sind, die höhere Position anzustreben. Sie müssen sich fortwährend Entschuldigungen für den Status quo einfallen lassen und ihre Hemmung verinnerlichen, damit die Hierarchie nicht gefährdet wird — und das mütterliche »Urchaos«, aus dem alles geboren wurde, zurückkehrt.

Eine schöne Anekdote zur Illustration ist die Stabhochsprungmeisterschaft des Königs Taufa'ahau Tupou IV. von Tonga, der seit dreißig Jahren den Landesrekord im Stabhochsprung hält. Keiner seiner Untertanen würde je auf die Idee kommen, seiner Majestät den sportlichen Erfolg streitig zu machen. Sicher gibt es genug Tonganer, die zwar nicht an Sergej Bubka herankommen, aber jene ominösen drei Meter mit Leichtigkeit übertreffen könnten. Aus Gründen des Respektes aber, der wiederum eine hierarchische Ursache hat, begeben sich die potentiellen Stabhochspringer Tongas in die Rolle des Verlierers, der sich selbst zur Aufrechterhaltung notwendiger Machtstrukturen den sportlichen Erfolg versagt. Daß diese Verhaltensweise nicht nur für abgelegene Inselkönigreiche üblich ist, dafür liefern die Mitläufer und Wasserträger aller Diktaturen dieses Jahrhunderts die traurigen Beweise.

Männliches Machtverhalten orientiert sich an einem mythischen Muster, das dem Mann gegenüber dem Weiblichen den höheren, nämlich den ordnenden Status zuweist. Dieser Rang des Weltordners — Jehova, der aus dem Chaos Ordnung schafft — macht den Mann zum Gefangenen seines Ordnungsmythos. Statt sich als Held weiterzuentwickeln, versagt er sich die notwendigen Abenteuer, weil er meint, sonst die Ordnung zu gefährden, nach der jeder an seinem Platz zu bleiben hat. Denn eine Gefährdung der Hierarchie ist zugleich ein möglicher Verstoß gegen die männliche Solidarität zur Aufrechterhaltung des Weltordnerstatus gegenüber der Frau. So sind die Figuren, die in den patriarchalen Mythen dem im Monomythos vorgezeichneten Weg des Helden folgen, immer nur noch gebrochene, das heißt, letztlich scheiternde Helden.

Degenerierte Helden

Wenn man diesen Gesichtspunkt weiterverfolgt, kommt man zu der Einsicht, daß die Heldenmythen der klassischen Sagen fast ausschließlich den degenerierten Helden zeigen. Ihre mythischen Muster sind nur noch den Erfahrungen des den Weg des Monomythos nicht zu Ende verfolgenden Mannes nachgebildet, durch die der ursprüngliche Mythos des tatsächlich kulturbringenden Helden hindurchschimmert. Nicht umsonst wurde Prometheus, als der Stifter menschlicher Kultur, zum Rebellen gegen die Götterhierarchie – er verstieß gegen die göttliche Ordnung und erhielt eine schreckliche Strafe. Wahrscheinlich zur Warnung an alle, die ihm als echte Helden nachfolgen wollten.

Bei der Untersuchung der mythischen Muster des degenerierten Helden zeigt sich, daß ihn die Geschichte immer als einen Scheiternden, einen »In-der-Falle-Steckengebliebenen« zeigt. Darin liegt aber auch die bis heute wirksame An-

Heldenfiguren	Herkules	Artus	Odysseus
Mythe	Göttersohn der griechischen Sage, der als stärkster Mann der Welt alle Aufgaben mit seiner Kraft löst, aber schließlich durch die Eifersucht seiner Frau stirbt	Mythischer König der englischen Kelten, der sein Reich vor Invasoren schützt, aber in der Schlacht stirbt, bevor er sein Werk vollendet	Listenreicher Führer der Griechen in Homers Epen, schafft mit seiner List gegen den Widerstand der Götter die Heimkehr, nachdem er den Griechen mit einem Trick half, Troja zu erobern
Mythologem	**Den Starken bringt am Ende die Frau zu Fall**	**Der Erlöser stirbt vor der Vollendung**	**Nur mit List ist dem Schicksal beizukommen**
Problem/Falle	Zwang, siegen zu müssen, eine Großtat muß der anderen folgen, der »vergebliche« Sieger	Selbstaufopferung, Märtyrersyndrom	Handeln wider besseres Wissen und Verführbarkeit
Selbstfindungsweg	Verzicht auf den Sieg und Erkennen von Gefühlen	Erlernen von Kompromißfähigkeit und Erkennen menschlicher Grenzen	Verzicht auf List und Prinzipientreue
Lösung	**Anerkennung der eigenen Weiblichkeit**	**Erlösung des Erlösers durch Annahme des Menschseins**	**Heimkehr zum Selbst**
aktuelle Darsteller inner- und außerhalb der Falle	A. Schwarzenegger; John Wayne; Donald Trump; Mike Tyson; Reinhold Messner	J. F. Kennedy; Gandhi, Che Guevara; Olof Palme, Martin Luther King	Mickymaus, James Bond, Rolo Gebhard, Richard Nixon, Heiner Geißler

Gilgamesch	Achill/ Siegfried	Orpheus
Mythischer Herrscher der sumerischen Überlieferung, der in Trauer und Betroffenheit über den Tod des besten Freundes zürnt und vergeblich versucht, den Göttern die Unsterblichkeit zu entreißen	Im Kampfe unbezwingbare Helden, die jedoch eine geheime verwundbare Stelle haben und am Ende durch Verrat der Menschen oder der Götter zugrunde gehen	Griechischer Sänger und Held, dessen Gesang Mensch und Tier betörte. Als seine Geliebte stirbt, steigt er in die Unterwelt hinab und darf sie mit sich nehmen, wenn er sich nicht nach ihr umdreht
Göttlichkeit bleibt dem Menschen versagt	**Auch der Stärkste hat Schwächen**	**Empfindsamkeit zerstört das Ziel der Liebe**
Sehnsucht nach Unsterblichkeit und Allmachtswahn; Herausforderung des Schicksals	Blindheit gegenüber eigenen Schwächen und Zügellosigkeit der Leidenschaft	Hingabe an das Weiblich-Kreative, ohne die Männlichkeit zur Erlösung der Frau zu entwickeln
Unterwerfung unter die Ganzheit; Erkenntnis der Gebundenheit in der Zeit	Annahme und Beherrschung von Gefühlen; Respektierung des Weiblichen	Erkennen, daß die eigene männliche Kraft stark genug ist, um ihr zu vertrauen
Teilhabe am ganzheitlichen Sein	**Verbindung von Geist und Seele durch Empfindsamkeit**	**Anerkennung der eigenen Männlichkeit**
Adolf Hitler, Lenin, Saddam Hussein, Nurejew, Muhamad Ali	Max Schmeling, Rommel, Hemingway, Ben Johnson	James Dean, Jimmi Hendrix, David Bowie, Mick Jagger, Paul Getty III.

Die degenerierten Helden

ziehungskraft der Mythen, die unmittelbar im Sinne des Patriarchats wirken und somit das Gefühl echter Männlichkeit anbieten.

Stellt man die Mythen wie in der vorhergehenden Tabelle zusammen, ergibt sich die mythische Falle unmittelbar aus ihrem Wirkungsgefüge, das wir als Mythologem bezeichnen. Der Weg aus dieser Falle ist die Rückkehr zum im Monomythos vorgezeichneten Weg – dem der Selbstfindung. Er bietet eine Lösung an, die den Heldendarsteller aus der Bindung an die degenerierten Mythologeme befreit und damit erlöst. Ob man sich zu einer dieser Mythen hingezogen fühlt und ihre Probleme im eigenen Leben wiederentdeckt, sollte jeder für sich selbst beantworten können.

Der Mann hat die Wahl, mit sich und der Welt zu machen, was *er* will, und sein Selbst in diesem Willen zu manifestieren. Die Frau braucht diese Freiheit zu ihrer Selbstfindung nicht, da sie durch ihre größere Eingebundenheit in die Zyklen der Natur ihre Existenz auch ohne ordnende Manifestation spürt. Sie ist in ihrem Seelenleben deshalb durch die männlichen Hierarchien weniger bedroht als der Mann und hat ihnen vielleicht deshalb wenig Widerstand geleistet. Für den Mann liegt der psychologische Ausweg aus dem hierarchischen Verhalten von Siegern und Verlierern darin, sich endlich wieder seiner geistigen Entwicklungsmöglichkeiten und der darin verborgenen Zweigeschlechtlichkeit der Seele bewußt zu werden. Nicht damit ein androgynes Wesen entsteht, sondern damit durch die Entwicklung des Weiblichen ein vernünftiger Ausgleich erfolgen kann, der Gehemmte wie Getriebene aus dem Festklammern an degenerierten Mythen befreit.

Wer hat Angst
vorm wilden Mann?

Bei der Betrachtung der degenerierten Helden scheint es, als könne sich das Männliche nur in ordnenden Machthierarchien manifestieren. Aber natürlich gibt und gab es Männlichkeit auch außerhalb dieser Strukturen, die ja menschheitsgeschichtlich erst relativ jüngeren Datums sind.

In der Gestalt des »wilden Mannes«, wie sie uns in den Märchen und Überlieferungen vieler Völker begegnet, wirkt ein älterer männlicher Mythos. Wild bedeutet hier die Verbundenheit mit den ursprünglichen Kräften der Natur. Robert Bly hat mit seinem Buch vom »Eisenhans« versucht, den Männern den Mythos dieser positiven »wilden« Kräfte ihres Selbst zurückzugeben. Wildheit darf dabei nicht als sinnlose Berauschung an der eigenen Kraft oder als Ausdruck von Brutalität mißverstanden werden. Wild heißt hier außerhalb oder besser: vor der Hierarchie stehend. Die wilden Kräfte des Mannes sind die Kräfte seines ursprünglichen Selbst, solange es noch nicht vom Herrschaftsanspruch des Patriarchats unterworfen oder verführt wurde.

Wenn diese männliche Urkraft fehlt, kann es dem Mann ergehen wie Orpheus, dem Genie der Kreativität und einfühlsamen Empfindsamkeit. Um die gestorbene Geliebte wiederzugewinnen, steigt er in den Hades hinab. Er erhält vom Herrn der Unterwelt sogar die Erlaubnis, die Tote mit sich zurück ins Reich der Lebenden zu nehmen – wenn er es schafft, sich auf dem Weg aus dem Hades nicht nach ihr umzudrehen. Aber Orpheus fehlt es an der männlichen Kraft, dem völligen Zutrauen zu seinem Selbst. Er dreht sich um und verliert Eurydike für immer. Sein Mythos wird so Ausdruck der Erfahrung, daß der kreative Mann bei der Frau versagt, wenn er sich im entscheidenden Augenblick nicht auf seine männliche Kraft verlassen kann.

Was geschieht, wenn »Mann« sich auf die falsche Männlichkeit verläßt, nämlich auf die Macht der Strukturen, und an ihren Mythen klebenbleibt, zeigt Günter Oggers Buch »Nieten in Nadelstreifen«, eine Abrechnung mit den Alltagsmythen moderner Machtmenschen, den Managern der deutschen Industrie. Es konstatiert das Versagen der Kaste jener Topmanager, »die sich im Laufe der vergangenen Jahrzehnte eine Scheinwelt geschaffen haben, die mit der rauhen Wirklichkeit immer weniger übereinstimmte«. Der Autor beschreibt das Mißmanagement von Hierarchen, »die sich selbst nicht mehr dem Wettbewerb«, also der männlichen Leistung, »aussetzen mochten und ihren Olymp durch ein in der Welt einmaliges Machtkartell gegen unerwünschte Eindringlinge abschotteten«. Die Abschottung spiegelt sich symbolisch – nach außen hin und damit für alle sichtbar – im Nadelstreifenanzug wider, der seinen Träger als Weiterentwicklung der mittelalterlichen Rüstung zum Kämpfer macht, der durch seine Fähigkeit der Kriegführung Selbstachtung und den Respekt des weiblichen Geschlechts erlangen will. Sein »Panzer« schützt sein Leben und seinen Status, indem er ihn von den anderen unterscheidet und aus der Masse der Namenlosen hebt. Der Industriehierarch vertauscht die Rüstung mit dem Nadelstreifenanzug, das Schwert mit dem Aktenkoffer (die darin befindlichen Verträge besiegen den Feind) und Telefon (durch das ebenfalls Schlachten gewonnen werden können – auch in der modernen Schlachtenform der Telefonkonferenz). »Je schmaler der Aktenkoffer, desto größer der Gangster«, sagt ein beliebtes Industriesprichwort. Das Rittermuster, dem der Manager nacheifert, läßt ihn freilich scheitern, da es aus einer patriarchalen Epoche stammt, die gegenwärtig im Schwinden ist, und ihm keine Möglichkeit der Selbstentwicklung mehr läßt. Noch ist kein neues Matriarchat entstanden, so daß wir uns gegenwärtig in einer Phase des »nicht mehr« und »noch nicht« aufhalten.

Manche Kulturphilosophen gehen davon aus, daß Matriarchat und Patriarchat einander in rhythmischem Wechsel ablösen. Das Gesagte mag am Beispiel der Suche nach dem neuen Vorsitzenden der SPD deutlich werden. Zur Wahl standen drei Kandidaten: Gerhard Schröder, der herb-männliche Patriarch mit hohem Machtanspruch, Heidemarie Wieczorek-Zeul, die Inkarnation des nachdenklichen Klug-Weiblichen, und Rudolf Scharping, der Mann, der Eigenschaften von beiden trägt. Schröder konnte die Wahl nicht gewinnen, da er *nicht mehr* zeitgemäß, Wieczorek-Zeul ebenfalls nicht, weil sie *noch nicht* zeitgemäß war. Somit blieb Rudolf Scharping, ein Zwitterwesen, eine Notlösung für die Übergangszeit. In ihm erfüllt sich die Hoffnung auf einen neueren bügelfreien Mythos, denn er bedient sich nicht mehr der Nadelstreifen-Rüstung und des drahtlosen Schwertes, sondern sucht statt dessen andere, kooperativere Formen der Macht. Durch seinen Bart verbindet er sich der Öffentlichkeit gegenüber mit den »wilden«, ursprünglicheren Seiten der Männlichkeit, während er in seinem ruhigen konfliktvermeidenden Auftreten und seiner Zurückhaltung den weiblichen Teil seiner Seele ahnen läßt. Wie die Zeit, so ihre Exponenten. Wir dürfen gespannt sein, welches Mythos sich das kommende Matriarchat bedienen wird. Ganz sicher werden die degenerierten Helden in Ritterrüstung irgendwann ausgedient haben.

Niemand kann seinem
Schicksal entrinnen?

Wer einmal in der Falle eines mythischen Musters sitzt, findet so schnell nicht wieder heraus — weil wir eben die Geschichte höher einschätzen als unser eigenes Sein. Die Wirksamkeit eines mythischen Musters zeigt sich gerade darin, daß es die Person, die ihm verfällt, deformiert und ihre ursprünglichen Absichten zunichte macht.

Es gilt also, einen Fluchtweg zu suchen, will man das Muster nicht zu Ende leben und an sich selbst erfüllen. Dazu bedarf es in erster Linie des Begreifens der Tatsache, daß der Mythos »Geschichte in Natur verwandelt«, wie es Roland Barthes formulierte. Das heißt: Jeder, der sich einem mythischen Muster verpflichtet, transformiert sich selbst im Laufe der Zeit so stark, daß er — um wahrhaftig zu bleiben — die Vorgabe des Mythos bis zum »bitteren Ende« leben muß, denn die Hoffnung auf Erlangung einer »Bedeutung« hält ihn von der Wahrnehmung der Realität *und* der Wirklichkeit ab.

Ein typisches Beispiel für das lustvolle Verharren in der mythischen Falle scheint jemand wie der Dichter Wolf Wondratschek zu sein, der einen seiner Gedichtbände »Die Einsamkeit der Männer« nannte, als läge es in der Bestimmung des Mannes, einsam zu sein. In einer Rezension deckte Diedrich Diedrichsen den traurigen Motivschwindel, dem sich der Dichter unterworfen hat, auf: »Irgendwann muß Wolf Wondratschek sich entschlossen haben, ein Mann zu werden. Freiwillig begibt er sich auf Spur des armen Säufers Lowry. Freiwillig zieht er in eine mexikanische Strohhütte, quält sich den Whisky hinein. Den, der Männer hart macht. Freiwillig verzichtet er auf die tägliche Rasur, setzt sich gleißender, gerbender Sonne aus...« Der Mythos, dem der Pseudo-John-Wayne auch in seinen Romanen über den Möchtegern-Mafioso Wolfgang Staudinger unterliegt, macht deutlich, daß der Autor einem Heldenwahn verfallen ist, ohne die Muster, von denen er sich Männlichkeit erhofft, zu durchschauen. Ihm, der sich auf einen Machowahn spezialisiert hat, bleibt nichts anderes übrig, als eines Tages so zu enden wie seine Vorbilder: Im Delirium, mit einer Kugel in der Brust oder mit einer Nadel in der Vene.

Wüßte er vom Zaubermittel des Heldenweges im Monomythos, nämlich der Überwindung des Ego und Entwicklung des Selbst, würde ihm ein solcher Abgang vielleicht erspart bleiben, in dem er sich aber — und das ist das Fatale — wohl fühlen wird, weil es die scheinbare Hoffnungslosigkeit seiner Lebensauffassung bestätigt. Am Beispiel der zuvor aufgeführten Helden haben wir einige der Selbstfindungswege aufgezeigt, die aus den mythischen Fallen führen können. Noch besser aber ist es, wenn man sie von Anfang an durchschaut und vermeidet.

Gorbatschow entkam der Erlösermythe, weil er sie vielleicht unbewußt durchschaute, aber bewußt eisern vermied, sich als »Artus« zu präsentieren. Man kann ihn als Paradebeispiel dafür ansehen, wie man mit dem nötigen Scharfblick durchaus die mythische Falle vermeiden und damit wie in seinem Fall dem Märtyrerschicksal entgehen kann, denn für jeden Attentäter ist es verlockender, ein Symbol zu ermorden, sich also der Geschichte in die Arme zu werfen, als einen schlichten Menschen, der von der Geschichte mitgerissen zu sein scheint. Das Geschick des Genossen Michail bestand gerade darin, eine Situation heraufzubeschwören, für die er, nachdem sie eine nicht mehr aufzuhaltende Eigendynamik entwickelte, nicht mehr verantwortlich zu machen war.

Es ist erstaunlich, daß die formale Umwandlung eines von Männern errichteten, streng hierarchischen Staatsgebildes von einem Mann vollzogen wurde, der – vielleicht unbewußt – das Ende patriarchaler Hierarchien voraussah und deshalb wohl nicht anders konnte, als die Auflösung der Sowjetunion zu betreiben – der gewaltigsten materialistischen Hierarchie, die das Denken der Aufklärung in seinem Weltbeglückungswahn hervorgebracht hatte.

Wenn Männer sich heute von ihrer Bindung an die degenerierten Mythen der Männerhierarchien befreien wollen, um wieder zur Selbstentwicklung des eigentlichen Heldenmythos zu finden, sollten sie sich Gorbatschow zum Vorbild nehmen. Mann sein heißt, sich selbst zu entfalten und lebendige Veränderungen der Welt zu bewirken. Nicht männlich ist es, sich an die zerbröselnden Mythen vom großen Weltenordner zu klammern, denen wir den teilweise katastrophalen Zustand unseres Planeten verdanken. Männer können lernen, sich aus den folgenden mythischen Mustern zu befreien:

Der Sieger-Mythos
Männer müssen nicht um jeden Preis in einer Hierarchie aufsteigen und sich »Platz verschaffen«, statt dessen können sie entdecken, wie man sich auch ohne eine wichtige Stellung in der Hierarchie sinnvoll definiert.

Der Erlöser-Mythos
Männer müssen nicht die Last des Universums tragen, indem sie die Welt als »Neuordner« von allen Übeln befreien, auch nicht die kleine Welt ihres persönlichen Alltags. Sie können

72

lernen, daß sie selbst wie alle anderen Menschen mehr Freiheit nur durch die Entfaltung ihrer seelischen Kräfte erlangen: Nur das, was man selbst vorlebt, kann man anderen anbieten.

Der Verlierer-Mythos

Männer müssen nicht ihrem Heldenweg ausweichen, indem sie immer wieder an sich selbst und andere unerfüllbar hohe Anforderungen stellen, um sich zu beweisen, daß sie nicht die nötige Kraft zur Selbstentfaltung haben. Statt dessen können sie ihre Ängste überwinden, indem sie für andere und sich »helfende Verantwortung« übernehmen. Nicht aus Ordnungswillen, sondern aus Liebe.

Der Aufklärer-Mythos

Männer müssen lernen, daß sie den Kosmos nicht allein über den Verstand mit seinen wissenschaftlichen Ordnungsmythen begreifen können, sondern daß die Schöpfung nur über eine Entfaltung des Herzens verstehbar wird. So können sie den Wahn ablegen, daß die Welt überall des ordnenden Eingriffs von Verstandeswissen bedarf.

Eine Welt, in der alle Männer gelernt haben, diese Muster zu meiden, wäre für Männer *und* Frauen ein lebenswerterer Platz. In ihr wären nicht alle Probleme gelöst, aber die Männer würden weniger neue Probleme produzieren.

Frauenmythen:
»Göttin« Marilyn und
»Hure« Madonna?

Die Frauen mußten in den Jahrtausenden des Patriarchats erleben, daß ihre ursprünglichen Mythen einer fortwährenden Diffamierung und Verzerrung ausgesetzt waren. In vorpatriarchaler Zeit stand die Frau als die Lebenschaffende, als die Gebärerin, in unmittelbarer Verbindung mit den schöpferischen Kräften der Natur. Sie besaß das Geheimnis des Lebens und wurde als große Mutter verehrt, für deren Kult die Archäologie weltweit Spuren fand.

In dieser matriarchalen Vorzeit scheint der Mythos der *einen* universalen Göttin auch einen oder mehrere männliche Gefährten eingeschlossen zu haben. Die Frauen waren damals Verkörperungen dieser Göttin und damit unmittelbare Vertreterinnen der Tod und Leben spendenden Naturkräfte. Als männliche Herrscher damit begannen, die Urgöttin zu verdrängen, entstanden Mythen, die diesen Sieg des Patriarchats widerspiegeln. Vom Sieg über die Erd- und Chaosgöttin Tiamat in Mesopotamien über Evas Beihilfe beim Sündenfall bis zum Kampf des heiligen Georg gegen den Drachen prägte ein Erzählmuster die Mythen, das den Sieg männlicher Macht über das Weibliche und seine Symbole darstellt.

Seinen Höhepunkt fand das Patriarchat dann in den monotheistischen Offenbarungsreligionen, in denen ein männlicher Gott eifersüchtig keine Göttinnen neben sich duldet. Für die europäische Kultur bedeutete das eine sich durch die Jahrhunderte ziehende Verfolgung der Frauen, die als Priesterinnen, Schamaninnen oder weise Frauen eine eigenständige Verbindung zu ihrer Göttlichkeit zu wahren versuchten. Das Göttliche mußte der Frau ausgetrieben werden. Im christlichen Mythos wird sie zur Unreinen, zur antigöttlichen Verführerin verteufelt. Nur in der ihrer Weiblichkeit beraubten Maria als jungfräuliche – also nicht nach eigenem, sondern nach Gottes Willen gebärenden – Mutter des Gottessohnes, bot die christliche Kirche den Frauen noch ein mythisches Muster zur Sinngebung ihrer Weiblichkeit. Der Fanatismus, mit dem die katholische Kirche die Jungfräulichkeit Marias verteidigt, hat daher einsichtige Gründe: Ohne ihre Jungfräulichkeit wäre Maria nicht mehr nur das Werkzeug des Herren-Gottes, seine unbefleckte, zu seiner alleinigen Verfügung Erwählte, sondern könnte ihre eigene mütterliche Göttlichkeit entfalten, die sie als Göttermutter Hera an der Seite des Zeus immerhin noch besaß. Da sich der Urmythos der Göttin nicht vollständig ausrotten ließ, suchte er auch im patriarchalisch-christlichen Umfeld einen Ausdruck und fand ihn im Marienkult.

Während sich dem Mann sein eigener Mythos, nämlich der des Helden, zwar in der degenerierten Form, aber doch allgegenwärtig zur Verwirklichung anbietet, werden der Frau in unserer Kultur vom Patriarchat entworfene mythische Muster aufgedrängt. Es sind Muster, die sie von der Entdeckung ihrer Göttlichkeit abhalten sollen oder, da sich der Urmythos nicht gänzlich ausrotten läßt – schließlich werden Männer immer noch von Frauen geboren –, die Göttin in der Frau domestizieren und einschränken. So sind die Göttinnen des griechischen Pantheons bereits »gehemmte« Inkarnationen der großen Mutter, deren Mythen die Macht des Weiblichen einschränken. Somit steht die Frau einer zweifachen mythischen Falle gegenüber: Sie kann den falschen Mustern der von Männerbedürfnissen und -ängsten geformten neuen Frauenmythen verfallen oder sie kann sich bei der Rückbesinnung auf ihre weibliche Göttlichkeit in einer Mythe verwirklichen, die nur noch einen »gehemmten« Ausdruck der Göttin zuläßt, weil die eigentliche Entwicklung zur Göttin durch die Ansprüche des Patriarchats bereits abgeblockt ist. Bei einer Betrachtung der vorchristlichen Götterwelt werden wir versuchen, diese »gehemmten« Göttinnen genauer zu erkennen.

Isis wird zum Aschenputtel

Bei den Griechen und später bei den Römern herrschte trotz der inzwischen von Zeus bzw. Jupiter regierten patriarchalen Götterwelt noch die klare Vorstellung von der überragenden Bedeutung einer »Mutter-Gottheit«, die in verschiedenen Mysterienkulten der Antike verehrt wurde. Bei diesen Kulten scheint es sich um einen Versuch gehandelt zu haben, den aus den Zeiten der Großen Mutter übernommenen mythischen Bildern einen religiösen Rahmen zu geben.

Bei den Eleusischen Mysterien feierte man die Getreide- und Fruchtbarkeitsgöttin Demeter, an deren Mythe der Wandel zum Patriarchat besonders deutlich zu erkennen ist. Ursprünglich eine Schwester und neben Zeus gleichberechtigte Gottheit, lehrte sie die Menschen den Getreideanbau. Ohne ihr Wissen verspricht Zeus ihre Tochter Persephone Hades, dem Herrn der Unterwelt, und er erschlägt Demeters Geliebten mit einem Blitz. Hades raubt Persephone, ohne daß Demeter erfährt, wer der Entführer ist. Verzweifelt irrt sie in menschlicher Gestalt auf der Suche nach Persephone durch die Welt und verflucht Götter und Menschen. Das Getreide verdorrt, die Natur siecht dahin. Und weder Hades noch Zeus wagen es, sich der aufgebrachten Demeter zu nähern. Klarer kann die Demütigung einer einst mächtigen Göttin kaum dargestellt werden: Der Herr des Olymp nimmt ihr die Tochter und verweigert ihr den Respekt. Zum Schluß sind die Olympier aber über Demeters Zorn so erschrocken, daß sie Rhea, die gemeinsame Mutter von Zeus und Demeter, zu der Göttin schicken und sie mit der zeitweisen Rückkehr ihrer Tochter in die Oberwelt versöhnen.

Stand hinter dem Demeterkult ursprünglich die Verehrung einer im Wechsel der Jahreszeiten aus der Unterwelt zurückkehrenden »Kornmutter«, einer Göttin des Getreides, so wurde er in der bereits patriarchalen Demeter-Mythe zur Kränkung und letzten Endes Demütigung dieser Göttin durch den Herren-Gott Zeus umgedeutet. Auch wenn das eigentliche sakrale Erlebnis in den Mysterien von Eleusis heute nicht mehr zu rekonstruieren ist, scheint nahezuliegen, daß sich hinter dem Geheimnis des Kultes etwas von der ursprünglichen Macht der Großen Mutter bewahrte, bis die Kultstätte dann von den Christen der römischen Staatskirche im 5. Jahrhundert endgültig zerstört wurde. Oberhalb der Ruinen des Tempelbezirkes erhebt sich heute eine Marienkapelle. Aber nicht nur Demeter rettete sich in einer gedemütigten Form noch weit in die Jahrhunderte des Patriarchats.

Als den Römern im 2. Punischen Krieg Hannibal das Leben schwermachte und mit der Vernichtung ihrer Stadt drohte, besann man sich darauf, daß dem römischen Pantheon eine starke Muttergottheit fehlte. Die vestalischen Jungfrauen prophezeiten, der Krieg sei nur zu gewinnen, wenn man die »Mutter« in die Stadt heimholte. Eine diplomatische Mission wurde nach Kleinasien gesandt, um dort den heiligen Stein der Kybele zu holen, ein dem weiblichen Geschlecht nachgeformter Meteorit, der als Sitz dieser uralten Fruchtbarkeitsgöttin galt. Mit dem Stein erhielt Kybele einen Tempel in Rom, und ihr ekstatischer Kult, zu dem auch die Selbstentmannung ihrer Verehrer gehörte, wurde zugelassen – trotz seiner »unrömischen«, an schamanische Rituale erinnernden Feste. Den Krieg gegen Hannibal gewannen die Römer, auch wenn die Senatoren sich nie mit dem »asiatischen« Kybele-Kult anfreunden konnten.

Der dritte große Göttinnenkult der Antike galt der ägyptischen Isis, deren Verehrung bis zu den Verboten des christlichen Imperators Theodosius gegen alle »heidnischen« Kulte überall im Reich verbreitet war. Ihr Mythos beinhaltet eine besonders aufopferungsvolle Gattenliebe. Ihr Gemahl Osiris wurde von seinem neidischen Bruder Seth ermordet, zerstückelt und in einer Kiste in den Nil geworfen. Verzweifelt suchte Isis den verschwundenen Gemahl, fand schließlich Teile seines Leichnams und schaffte es mit ihrer Zauberkunst, ihn wiederzubeleben, so daß sie den Erben Horus zeugen konnten. Osiris wird zum Herrscher des Jenseits, während Isis über den kleinen Horus als zukünftigen Pharao und Weltherrscher wacht und ihn gegen die Nachstellungen des Seth beschützt.

Isis ist noch eine machtvolle Göttin, die Beschützerin des Gatten und ihres Kindes und als solche Herrin über Leben und Tod. Aber in ihrem Kult zeigt sich bereits ein neues Bedürfnis der Frauen, denn zur Isis betete man, um den Gatten und die Familie zu schützen. Sie wird wie die römische Herdgöttin Vesta in der Spätantike zu einer Familiengottheit. Darstellungen der Isis zeigen sie mit dem Horusknaben auf dem Schoß und haben eine so verblüffende Ähnlichkeit zu späteren Darstellungen von Maria mit dem Jesuskind, daß man im Marienkult eine unmittelbare Anlehnung an die Isis-Verehrung sehen kann.

In den Jahrhunderten der Spätantike wird die große Göttin immer mehr zur Gattin domestiziert und ihre verschiedenen Kultformen mehr und mehr zu einer Erinnerung an eine besondere weibliche Kraft, die sich hinter dem Schleier des Mysteriums verbergen muß. Aus der Beschützerin Isis entsteht die beschützende jungfräuliche Maria des Christentums, während gleichzeitig die weibliche Priesterschaft aus der Kirche gedrängt wird und ihre wichtige Rolle, die sie in den frühchristlichen Gemeinden noch besaß, aufgeben muß. Das mythische Bild der göttlichen Helferin wird verdrängt vom Selbstverständnis einer zu beschützenden Frau, die als Gattin und Tochter dem Mann anempfohlen ist. In einer schleichenden Umkehrung der Rollen ist schließlich die Göttin nur noch als Mutter verehrbar, die vom Gottvater bewacht wird. Isis wird zum Aschenputtel – dem armen Mädchen, das auf den erlösenden Prinzen warten muß. Mit dem Verschwinden der Göttinnen verliert die Frau auch das Selbstbild ihrer Stärke und Verantwortung und driftet immer mehr in die Opferrolle, die ihr die männlichen Mythendichter seit der Antike zuweisen.

Der Trojanische Krieg
ist nicht zu Ende

Als sich Paris, der Sohn des Königs von Troja, beim Schön-
heitswettbewerb zwischen Hera, Athene und Aphrodite für
letztere entscheidet und damit der Göttin der Liebe zum Triumph verhilft, erhält er als Preis Helena, die schönste Frau
der Welt. Besagte war aber bereits mit dem König von Sparta verheiratet, so daß Paris sie kurzerhand entführte und damit den Trojanischen Krieg auslöste. Die Mythen dieses Krieges scheinen bis heute unser Denken zu beeinflussen.

Eigenartigerweise wird in den meisten Geschichtsbüchern
und Sagensammlungen Helena als *Ursache* dieses verheeren-
den Krieges dargestellt – die Entführte ist selbst an ihrer Ent-
führung schuld, das Opfer wird zum Täter. Wir stoßen hier
auf etwas Tieferes als eine schlichte Propagandamythe der
sich verteidigenden Trojaner, zumal die Sage ja meist aus der
Sicht der angreifenden Griechen erzählt wird. Eigentlich hat
das Unglück schon damit begonnen, daß Paris sich für Aphrodite entschied – denn die Liebe an die erste Stelle zu heben,
kann dem Mann nur Unglück bringen. So ist auch die schöne
Helena Ausdruck eines tiefsitzenden Mythos, dem die Männer unterworfen zu sein scheinen, seit sie in der Liebe zu den
matriarchalen Herrscherinnen ihre Verwundbarkeit erkannten. Am Rande sei vermerkt, daß Troja wahrscheinlich in der
griechischen Frühzeit bis zu einer seiner vielen Eroberungen
eine matriarchale Stadt der Großen Göttin war.

Helena wurde so Sinnbild der Frau, die Tod und Verderben
über die ihr verfallenen Männer und ihre Familien, Clans und
Völker bringt. Dieser Mythos der schuldhaften Frau, die die

Männer ins Unglück treibt, zieht sich durch die gesamte Weltliteratur. Offenbar sucht das Patriarchat noch immer nach einer Entschuldigung für sein eigenes Fehlverhalten, denn der Grund für den Trojanischen Krieg war eben nicht Helena, sondern ihre Verschleppung durch Paris und die Reaktion seiner männlichen Rivalen. So führt Menelaos Helena nach dem Krieg zurück ins heimatliche Sparta – nachdem niemand sich so recht erinnern kann, weshalb die Tragödie entfacht wurde. Ein Muster, das den Trojanischen mit den meisten nachfolgenden Kriegen verbindet.

Die Kriegermentalität des europäischen Mannes gegenüber der Frau führt zu drei typischen Haltungen, wie sie unter anderen Robert Lawlor charakterisiert hat:

— eine grundlegende Verachtung als Folge der Auffassung, daß die Frau lediglich ein Preis, also ein Gegenstand ist,

— die Unterwerfung dieses Preises dem Willen und Besitztum des Siegreichen,

— die Isolierung, wie bei allen Trophäen, auf einem Sockel.

Daß die Beuterolle der Frau noch immer ein prägender Mythos ist, zeigt sich nicht zuletzt an den grausigen Massenvergewaltigungen im Bürgerkrieg auf dem Balkan. Dort wird sie wieder als Mittel der Kriegführung eingesetzt: ein Relikt aus archaischer Vorzeit. Raub oder Vergewaltigung der Frauen des Gegners werden benutzt als ultimatives Mittel, um die Psyche des Feindes zu brechen. Er soll an seiner verwundbarsten Stelle getroffen werden: Die Frau, der er sein Selbstwertgefühl verdankt und die ihn durch die Fortpflanzung seiner Samen unsterblich werden läßt, unterliegt der Macht des Gegners. Der Phallus wird zum erobernden Mordinstrument pervertiert: Sexualität der Unterwerfung, deren mythischer Charakter sich im Phallussymbol von Speer, Schwert, Lanze, Pistole, Rakete und Kampfflugzeug wiederfindet.

Eine Auflösung dieses düsteren Beutemythos wird nur dann möglich sein, wenn die Frau sich weltweit ihrer Opferrolle entziehen kann und dem Mann keinen »Besitz« mehr bietet – und der Mann ein neues Verhältnis zu seiner seit Jahrtausenden verzerrten Sexualität findet und die Verteufelung der Liebe zum Weib, mit dem schon der Patriarchengott des Alten Testaments seinen Adam beglückte, beendet. Erst wenn eine Mehrheit der Männer sich der spirituellen Kraft ihrer eigenen Schöpferenergie bewußt wird und den Einklang mit der Welt des Weiblichen wiederherstellt, wird der Trojanische Krieg ein Ende finden.

Die gehemmten Göttinnen

Die Mythen der antiken Göttinnen sind bereits so geprägt von der »Propaganda« des olympischen Patriarchats gegen die besiegte Große Mutter, daß ihre Geschichten nur noch verstümmelte Teilaspekte der Urgöttin zeigen, die ihre Rolle in der Götterwelt bereits von den Männern neu zugewiesen bekommen hat.

Wer sich also auf die Göttinnen zurückbesinnen will, muß darauf achten, nicht in einem Muster befangen zu bleiben, in das bereits Elemente zur Unterdrückung bestimmter Aspekte des Weiblichen eingewoben sind. Auf der anderen Seite ist das Göttlich-Weibliche auch nur Teil, eben die eine Hälfte des ganzen Menschen. Und aus der Verteidigung gegen männliche Dominanz kann auch eine gefährliche Überbewertung

Die Große Mutter Gaia, Isis, Ishtar	Teilaspekte der großen Göttin	Astarte Kali/Morigu	Artemis/ Diana
Erdgöttin, Mutter der frühen Menschengeschlechter, die mit ihren ersten Kindern später von den patriarchalen Göttern besiegt, verbannt und unterdrückt wird	Mythe	Die Göttin als Herrin über Leben und Tod, die Menschenopfer fordert, begleitet die Krieger auf ihrem Weg in die letzte Schlacht und nährt sich von den Leibern der Gefallenen	Tochter des Zeus/ Jupiter, Schutzherrin der Jagd und der Unberührtheit. Hat selbst keine Kinder und tötet aus Neid die vielen Töchter der Niobe
	Hemmnis der Entfaltung	nicht zulassen können	Gebärneid
	Lösung	**Lebensbejahung und Empfängnisbereitschaft**	**Verantwortung und Mütterlichkeit entwickeln**
	Verwirklichung	**Hexe**	**Alma Mater**
Aus dem Weiblichen gebiert sich die Natur	**Mythologem**	**Alles, was geboren wird, stirbt**	**Dem Weiblichen muß geopfert werden**
Liz Taylor, Golda Meir, Mutter Teresa, Madonna	**Aktuelle Verkörperungen von Teilaspekten**	A. Schwarzer, Indira Gandhi, Sigorney Weaver, M. Thatcher	M. Navratilowa, Pamela Ewing, Cher

Die gehemmten Göttinen

Hera Freya	Aphrodite/ Venus, Shakti	Athene
Frau des Göttervaters und Mutter des Göttergeschlechts, vom Göttervater oft betrogen und auf dessen Geliebte eifersüchtig, die sie mit unerbittlichem Haß verfolgt	Göttin der Liebe und der Schönheit, Inbegriff der Lust und der Verführung, die als Aphrodite durch ihre Hingabe der Helena an Paris den Trojanischen Krieg auslöst	Göttin des Handwerks, der Vernunft, des Denkens und der Wissenschaften. Wurde unmittelbar aus dem Kopf des Zeus geboren und hat keine leibliche Mutter
Besitzdenken, nicht loslassen können	Hingabezwang, Sentimentalität	Penetrationsangst
Loslassen und sich selbst auch im Männlichen verwirklichen	**Liebe ohne völlige Unterwerfung lernen**	**Körperbewußtsein entwickeln**
Amazone	**Amazone**	**Weise Frau**
Die Frau als Hüterin des Herdes und Herrin des Heims	**Die große Liebende**	**Die Tapfere, die vor keiner Einsicht zurückschreckt**
Miss Ellie, Sue Ellen, Hilary Clinton, Inge Meisel, Maria Schell	Brigitte Bardot, Marilyn Monroe, Kim Basinger, Petra Kelly, Claudia Schiffer	Glen Close, Anna Freud, Simone de Beauvoir, Laurie Anderson

des weiblichen Mythos entstehen, die eine Selbstverwirklichung hemmt.

So ergeben sich für die Mythen verschiedene Konfliktpunkte, die frau überwinden muß, um nicht in einer mythischen Falle steckenzubleiben. Mit der Übersicht auf den vorangegangenen Seiten lassen sich die »Hemmungen« erkennen, mit denen die als Göttinnen dargestellten Teilaspekte der Großen Mutter an ihrer Entfaltung zur ganzheitlichen Form gehindert werden. Wer seiner Intuition folgt, wird schnell merken, zu welchem Göttinnenbild und -mythologem die stärkste Verbindung besteht und kann den Realisierungsvorschlag aus der Tabelle am eigenen Leben überprüfen.

Die genannten Rollenbilder Hexe, weise Frau und Amazone weisen dabei auf ursprüngliche Aspekte der Weiblichkeit hin, die heute oft hinter der vulgären Vorstellung zu diesem Begriff verborgen sind und erst in ihrer eigentlichen Bedeutung neu entdeckt werden müssen. Die patriarchale Vorstellungswelt hat diese ehemals positiven und lebensnotwendigen Ausdrucksformen des Weiblichen verzerrt und negativ besetzt. Hexe war lange ein regelrechtes Schimpfwort und bekam erst durch die neuere Esoterik und die Vereinnahmung der Hexen als Vorbilder im Feminismus einen Teil seiner ursprünglichen Kraft zurück. Unter weisen Frauen verstehen feministische Forscher heute die Priesterinnen und Heilerinnen unserer Kultur, die von der Kirche in den Hexenverfolgungen fast vollständig ausgerottet wurden.

Während es nicht leichtfällt, neue Rollenbilder zu finden, in denen sich die weiblichen Mythen von ihrer männlichen Bevormundung befreien können, ist es den Frauen zumindest gelungen, einige der mythischen Fallen, in denen sie stecken, selbst zu erkennen.

So beschreibt Colette Dowling in ihrem Buch »Cinderella-Komplex« anschaulich, wie Frauen inzwischen so an ihrer Aschenputtel-Existenz hängen, daß es ihnen Angst einflößt, aus dem Schatten der Männer herauszutreten und das eigene Selbst zu entwickeln. Dieses Aschenputtel ist zum schattenhaften Gegenstück der Göttin geworden – die verinnerlichte Stimme des Patriarchats, die der Frau ständig einredet, daß sie nur durch den Mann etwas wert ist und nur durch männliche Vorstellungen definiert werden kann.

Tante Daisy oder
Die Verweigerung
der Mutterrolle

Die Erkenntnis, daß mythische Muster ideale Voraussetzungen für die Identifikation mit Comicfiguren bieten, mag zwar nicht unmittelbar bei den Erfindern Pate gestanden haben. Aber wie in anderen Medienbereichen zeigt sich auch hier, daß nur die Comics erfolgreich wurden, die mit solchen Mustern befriedigend umgehen konnten. Comic-Mädchenmagazine der sechziger Jahre wie z.B. SUSI, melanie und TINA strotzten vor Klischees und boten keinerlei Lösungen für die wirklichen Probleme der jungen Leserinnen. Interessanterweise konnten sich solche Comics trotz erbitterter Kämpfe der Verlage auf dem deutschen Markt nicht behaupten, weil die Macher von unzeitgemäßen mythologischen Mustern ausgingen. Vielleicht auch, weil die in diesen Comics blind übernommenen amerikanischen Jugendmythen der sauberen Fünfziger bei den deutschen Teens keine Resonanz fanden.

Walt Disney, der seinen Comics einen deutlich patriarchalen Stempel aufdrückte, verstand es dagegen viel besser, ein Bewußtsein zu treffen, dem auch deutsche Kinder mit Begeisterung bis heute folgen: Die Frau existiert nur innerhalb weniger beschränkter Rollenmuster. Mit dieser Vorstellung hatte der Schöpfer der Mickymaus durchschlagenden Erfolg. Ob es sich um Mickymaus, Onkel Dagobert, Donald Duck, seine Neffen Tick, Trick und Track, die Panzerknackerbande, Goofy, Daniel Düsentrieb, Gustav Gans oder wen auch immer handelt, Frauen spielen in seinen Geschichten durchweg eine völlig nebensächliche Rolle – wenn überhaupt. Bezeichnend sind dabei aber gerade die wenigen Ausnahmen: Da ist die böse Hexe Gundel Gadaukel, die Onkel Dagobert stets an die Brieftasche möchte – ein Sinnbild der heimtückischen, raffgierigen Frau, die vom Mann nur das eine will: sein Geld.

Die Hexe Gundel wird jedoch nicht nur als häßliche Alte dargestellt, sondern verkörpert auch jene Frau, die über alle Zaubermittel der Verführungskunst Bescheid weiß und sich jederzeit entsprechend verführerisch verwandeln kann. Hinter den Masken der Verwandlung verbirgt sich aber immer nur die »böse Hexe«, die hinter Dagoberts Moneten her ist – das heißt, die »weise Alte«, die es auf die Macht des Patriarchats abgesehen hat. In Disneys Comicwelt gibt es neben der unbedeutenden Minniemaus nur noch zwei weitere Frauenfiguren. Oma Duck, die mit dem geistig etwas minderbemittelten Knecht Franz eine Farm bewirtschaftet und so den Mythos der überwundenen Matriarchatswirtschaft widergibt. Und dann gibt es da noch Tante Daisy, die weder Mann noch Kinder hat – warum, erfahren wir nie. Ist wenigstens sie eine Vorläuferin der Emanzipation weiblichen Bewußtseins? Die mythischen Muster, auf die hier zurückgegriffen wurde, deuten in eine andere Richtung.

Da jeder Comic auf Erzählmuster der unmittelbaren Lebenserfahrung zurückgreifen muß, um erfolgreich Resonanz bei den Lesern zu finden, spiegelt er zwangsläufig die sozialen Mythen seiner Erfinder wider. Disney, der als Reklamezeichner in Kansas City seine Karriere begonnen hatte, dürfte sich der Massenwirkung versteckter Botschaften durchaus bewußt gewesen sein. Da ein Happy-End zwischen Mann und Frau kaum die Erfahrungen widerspiegelte, die seine kindlichen Leser im Elternhaus machten, verzichtete er lieber gleich auf Beziehungen und suggerierte eine Frauenwelt, die brav alle kleinbürgerlichen Klischees erfüllte, dabei aber echte Liebe ausschloß – denn die war nichts für die vorpubertäre Zielgruppe. Männer hingegen durften im Disney-Universum durchaus anarchische und asoziale Züge haben. Hier entstand über die Identifikation eine Entlastung im Bild des überbeanspruchten amerikanischen Vaters, der all diese Züge in sich unterdrücken mußte. So ist Donald dann auch das Vorbild der alleinerziehenden Singles. Daniel Düsentrieb erfüllt den Traum des unverstandenen Genies, am Ende doch erfolgreich zu sein. Und selbst der Männerbund der Panzerknacker lebt mehr in krimineller Freiheit als hinter Schloß und Riegel.

Für die Kinder entsteht eine heile, sorgenfreie Männerwelt, in der es immer nur Spaß und Abenteuer geben kann, denn das Weibliche wie die Frage gesellschaftlicher Macht sind einfach nicht vorhanden oder jeder Bedrohung entkleidet. Je mehr ein Mythos, eine Geschichte, ein Handlungsgefüge in der Kindheit verinnerlicht worden ist, desto geringer sind später die Chancen, mit den »wirklichen« Mustern einer sich anders entwickelnden Welterfahrung umzugehen. Wenn also die Kinder von Donald Duck und Walt Disney heute von den »starken Frauen« überfordert sind, ist das kein Wunder, denn es fehlte bis vor kurzem an populären Verstärkern neuer Weiblichkeitsmythen.

Das vergessene Brustopfer oder Die beiden Mythen der Emanzipation

Hexe und Amazone sind die beiden Schreckensmythen des Patriarchats geworden, in denen es seine Angst vor der Macht der alten Göttinnen abbildete. Gleichzeitig sind diese beiden Rollenbilder aber in einer Zeit des Wiedererstarkens weiblichen Selbstbewußtseins auch zu Emanzipationsmythen geworden – nach dem Motto: Wir wollen so werden, wie die Männer uns am meisten fürchten. Ein genauerer Blick zeigt, wie problematisch es auch für Frauen werden kann, wenn sie sich einem Mythos blind anvertrauen, ohne seine eigentliche Bedeutung zu erkennen.

Aus den Sagen um den Trojanischen Krieg gibt es die bekanntesten Beschreibungen des Volkes der Amazonen, »halb Frau, halb Grazie«, eines legendären Reitervolkes von Kriegerinnen, die Männer nur einmal im Jahr zur Zeugung von Nachwuchs in ihrem Kreis zuließen und alle männlichen Neugeborenen töteten. Der Mythos der kämpfenden Frauenvölker taucht in den verschiedensten Kulturen auf und scheint zu den allgegenwärtigen Ausdrucksmustern des Weiblichen zu gehören – und birgt seine ureigene mythische Falle.

Der Name »Amazone« stammt, verschiedenen Quellen zufolge, vom griechischen amastós, »ohne Brust«. Die rechte Brust wurde ausgebrannt, damit die Frauen den Bogen besser spannen konnten. Verbindet man dieses Brustopfer mit den Erkenntnissen der modernen Gehirnforschung, ergibt sich ein anderes interessantes Bild: In der rechten Gehirnhälfte findet sich das Weibliche manifestiert als ganzheitliches Denken, als Intuition und Kreativität, während die linke Hälfte dem Männlichen dient, also dem Erkennen, Wollen, Machen und Bestimmen. Berta Eckstein-Diener deutet die Entfernung der »rechten Hälfte« nach diesem Muster: »Die ganze Idee des Amazonentums besteht in einem Rückgängigmachen der ersten parthogenetischen weiblichen Tat, jenes urmütterlichen Geschenkes, die Aktivität, aus sich abgespalten, hinzugeben, selbständig nun als Männliches geformt. Amazonen negieren den Mann, vernichten die männlichen Neugeborenen, gestehen der Aktivität in Mannesgestalt kein Sonderdasein zu, resorbieren sie vielmehr, leben sie selber aus, androgyn: weiblich auf der linken, männlich auf der rechten Körperhälfte. Amazonentum ahmt somit Männliches nicht nach, sondern vernichtet es wieder.«

Während den »klassischen« Amazonen mit ihrem Brustopfer der Schritt in die Androgynität offenbar voll bewußt war, versuchen sich viele moderne Frauen an einer amazonenhaften Behauptung in einer Männerwelt, ohne den Preis dieses mythischen Musters zu begreifen oder zahlen zu wollen. Sie wollen den Mann nur imitieren, ihn mit den eigenen Mitteln innerhalb seiner Hierarchie schlagen und gleichzeitig Frau bleiben, vor allem in der Mutterrolle. Sie wollen eine Karriere »als Mann« machen, nicht eine weibliche Karriere – und enden, sich selbst und ihre Umgebung hoffnungslos überfordernd. Von den Männern werden sie nicht ernst genommen, weil »mann« instinktiv spürt, daß »die das nicht schafft«. Frauen, die ihre Weiblichkeit akzeptieren, empfinden das Anklammern an männliche Muster als bedrohlich oder falsch. Wenn eine Frau ihre Männlichkeit wirklich ausleben will, kann sie das auch in der heutigen Zeit nur machen, wenn sie wie die alten Amazonen einen Teil ihrer Weiblichkeit bewußt opfert und zu einem Zwitterwesen wird. Genauso wie dem Mann das Ausleben von weiblicher Kreativität, Sensibilität und Ästhetik oft nur in der homosexuellen Rolle möglich ist.

Im zweiten neu erstarkten Frauenmythos, dem der Hexe, zeigt sich das wachsende Bedürfnis, sich das Urwissen der weisen Frauen wieder zu erschließen. Die Hexe, die einstmals als Priesterin oder Heilerin für die Macht der Göttin stand, wurde in den Männermärchen zur häßlichen alten Frau diffamiert. Die Hexenverfolgung der Kirche versuchte die letzten der Frauen auszurotten, die als verborgene Schamaninnen noch über innere und äußere Heilkräfte verfügten und ihr Wissen für die Nachgeborenen bewahrten. Zwar konnte die Tradition in Europa fast völlig ausgelöscht werden, aber der Mythos der weisen Frau ist ein mächtigeres Urbild als alle patriarchalen Gegenbeschwörungen. Sie existierte im Bewußtsein aller Menschen weiter, bis sie von den Bedürfnissen moderner Frauen zu neuem Leben erweckt wurde. Anders als die Amazone ist die Hexe ursprünglich als Schamanin und Heilerin ein Mythos der Ganzheit gewesen, der erst durch die männliche Gegenpropaganda verzerrt wurde.

Die Göttin inkarniert
als Star

Der Kampf der Papstkirche gegen die Verehrung der Göttin führte zu schrecklichen Verfolgungen und zur Entwicklung einer christlichen Kultur, in der die körperliche und geistige Freiheit der Frau immer weiter beschnitten wurde. Aber dieses Programm zur Vernichtung der Göttin im menschlichen Bewußtsein war – wie jeder totalitäre Anspruch nach Macht über das Denken der Menschen – zum Scheitern verurteilt. Auch kann man ein mythisches Muster wie das der Göttin niemals ausrotten, denn es ist der unvermeidlichen Lebenserfahrung jedes Menschen vorgegeben – als Spiegel der Begegnung mit der eigenen Mutter. Je mehr der Mythos Göttin bekämpft wurde, desto stärker suchte der westliche Mensch nach einem Ausdruck für sein Bedürfnis nach Verehrung des Weiblichen.

Im Mittelalter entstanden aus diesem Bedürfnis Kultur und Dichtung der Minne – der öffentlich besungenen Liebe zu einer Frau. Kein Wunder, daß die Minnesänger so heidnischen Gestalten wie der Venus begegneten, die der Kirche nicht geheuer waren. Schon bald wurde die Minnedichtung auch Ausdruck verschiedener antirömischer Formen des Christentums und Träger geheimer Ketzereien der Katharer, die ihre eigenen Mythen in den höfischen Gesängen versteckten.

Aus der Minne, die sich wiederum auf die »heidnische« Kultur der Barden bezogen hatte, entwickelte sich das weltliche Lied als eine Musik, die sich allmählich klerikaler Kontrolle entzog. Bald pries sie nicht mehr nur den Gott der Kirche, sondern versuchte das Göttliche im Menschen direkt anzusprechen. Um den Menschen außerhalb der Kirche erreichen zu können, mußte die Musik mythische Motive finden, die wirksam waren, und landete unweigerlich bei den verfemten heidnischen Mustern, denen die Kirche verzweifelt den Ausdruck verwehrte. Als zu Beginn dieses Jahrhunderts aus der Kultur der Musiktheater und der »unterhaltenden« Musik mit der Einführung neuer Kommunikationstechniken die Massenmedien Kino und Funk entstanden, hatte die Verehrung des Weiblichen bereits eine kultische Form gefunden.

Die öffentliche Verehrung der Frau wurde gesellschaftlich toleriert und von der Kunst gefördert: in den Schauspielerinnen und Sängerinnen der Bühnenkultur. Von »der Duse« war es ein kleiner und zwangsläufiger Schritt zum Kult um die Stars des Films und der Popmusik in der Gegenwart. Da der Kultstatus einer Frau gleichzeitig das wirksamste Vermarktungsinstrument für sie war, mußten die Gestalter der Geschichten in diesen Medien sich Gedanken darüber machen, welche Mythen sich zum Aufbau eines Kults am besten eigneten, das heißt, welche mythischen Masken sich die Darstellerin für ihren Erfolg aufzusetzen hatte.

Dabei spielten die Bedürfnisse der Männer, ihre »Frauenmythen« wiederzuerkennen, eine wichtige Rolle. Demgegenüber stand aber auch der Star selbst mit seiner Selbstverwirklichung, aus der das immer wieder kolportierte Phänomen des Stars entstand, der »seinen Produzenten oder Regisseuren aus der Hand lief«, sich ihrer Kontrolle entzog. Denn wenn der Star erst einmal zur kultischen Göttin geworden war, konnte es geschehen, daß sie ihre eigene mythische Macht entdeckte und sich dem Muster hingab, das man ihr aufgedrängt hatte.

So ist in der heutigen Zeit auch der Prozeß der Emanzipation des Weiblich-Göttlichen am besten an der Wandlung zu erkennen, die der weibliche Star in den letzten vierzig Jahren durchlief.

Unschuldiges Laster und lasterhafte Unschuld

Zwei Idole des Hollywood-Kults in der zweiten Hälfte dieses Jahrhunderts sind Marilyn Monroe, der unwiderstehliche Männertraum der fünfziger und sechziger Jahre, und Madonna, die Königin der Medienmanipulation, in den Achtzigern. Vergleicht man beide Idole, erhält man ein gutes Beispiel für die Möglichkeit, ein mythisches Muster in den Griff zu bekommen, anstatt sich ihm auszuliefern.

Marilyn ist ein Objekt der Männer, die aus ihr den Star einer Zeit basteln, in der das Bild des amerikanischen Mannes von sich selbst während und nach dem 2. Weltkrieg noch einmal einen patriarchalen Höhenflug erlebt. Sie kommt aus einfachen Verhältnissen und heiratet mit sechzehn Jahren einen einundzwanzigjährigen Mann. Später werden ihre Freunde sie in dieser Beziehung beschreiben als »ein verlassenes Kind, das sich hilflos den Wünschen und Launen des Ehemannes ausliefert«. Dabei ist Norma Jean, wie sie damals noch heißt, reifer und ehrgeiziger als ihr Mann. Aber ihr stehen einfach keine anderen Verhaltensmuster zur Verfügung. Sie folgt der Mythe von der Frau als Opfer und Beute, dem niedlichen Objekt der männlichen Begierde, von dem sie sich auch auf dem Höhepunkt ihres Erfolges nicht lösen kann.

Ihre öffentliche Maske wird die eines von Männern entdeckten und gemachten Stars – dem blonden Sexwunder,
dem Photographen, Agenten, Produzenten und Regisseure
den Erfolgsweg geebnet haben. Donald Spoto beschreibt in
der bisher glaubwürdigsten Biographie des Stars die Auswirkungen dieser Situation auf Marilyn anschaulich: »Anstatt die
Rollen in sich selbst zu suchen, wurde Marilyn von ihren Leh-
rern bedrängt, sich selbst in der jeweiligen Rolle zu suchen,
und damit wieder aufs neue mit ihrer eigenen Unsicherheit
und Unzulänglichkeit konfrontiert. Mit jedem Projekt wuchs
ihre Angst und die Überzeugung, ihre Lehrer und Regisseure niemals zufriedenstellen zu können.«

Verzweifelt bemühte sich die junge Schauspielerin, den
Wünschen und Begierden des damals ausschließlich von
Männern beherrschten Hollywood gerecht zu werden. Jeder
wollte an ihr herumdoktern und sie belehren. Sie wurde
zum Lieblingsspielobjekt für die Gelüste der Männer vor der
Leinwand und für die Ambitionen der Männer hinter den Ku-
lissen. Weil sie ein sensibler und intelligenter, wenn auch un-
gebildeter Mensch war, wurde der Druck, noch verstärkt
durch den Kontrast zu ihrem zeitweiligen Ehemann Arthur
Miller, dem intellektuellen Schriftsteller, fast unerträglich.
Trotzdem kämpfte Marilyn um ihre Selbstverwirklichung,
entzog sich durch ihre notorische Unpünktlichkeit männlichen »Regieanforderungen« und hätte es zum Schluß beinahe geschafft, ihr Leben weitgehend selbst in die Hand zu
bekommen und der mythischen Falle zu entrinnen, zu der ihr
eigener Mythos geworden war. Was das eigentliche Wesen
dieses Männertraums wirklich war, entlarvt eine Äußerung
des Presseagenten der Fox, jenes Studios, das die junge Marilyn zum Star aufbaute. »Bei Shirley Temple kam zwanzigmal

im Jahr das Gerücht auf, sie sei gekidnappt worden. Betty Grable wurde angeblich zwanzigmal im Jahr vergewaltigt. Bei der Monroe heißt es zwanzigmal im Jahr, sie sei gekidnappt *und* vergewaltigt worden.« Die Frau als Opfer und Beute, Kommentar überflüssig.

Nach Marilyns Tod, für den Spoto wahrscheinlich die einzig schlüssige Interpretation geliefert hat, zeigte sich die Zähigkeit des Opfermythos. Noch als Tote wurde sie zum beständigen Opfer männlicher Begierden und Manipulationen – weil Geschichten mit Marilyn als Opfer einfach »mythisch« stimmten. So entstand eine Flut von unsinnigen Legenden: Marilyn von der Mafia hingerichtet, auf Geheiß der Kennedys ermordet, von der CIA beseitigt oder von »Männern« zum Selbstmord getrieben. Schon zu Marilyns Lebzeiten hängten sich die Männer wie Schmeißfliegen an ihre Legende, um daraus Geld zu machen. Ihr wirklicher Tod war viel prosaischer und geht wohl auf leichtsinnigen Medikamenteneinsatz ihres Psychiaters in Verbindung mit einer unqualifizierten Krankenschwester zurück. Aber dieser Tod kam genau an einem entscheidenden Wendepunkt in ihrem Leben, als sie dicht davorstand, sich zum ersten Mal von der Meute der männlichen Manipulateure zu befreien und ihr Leben selbst in die Hand zu nehmen.

Madonna Louise Ciconne ist noch keine drei Jahre alt, als Marilyn Monroe 1962 stirbt. Sie wächst in eine Welt hinein, in der die Göttin sich in völlig anderer Gestalt manifestiert hat, und ihre Karriere wird nur von ihr selbst »gemacht«. Madonna ist wirklich ihr Taufname und keine Selbststilisierung, denn sie stammt aus einer italo-amerikanischen Familie, die auf Tradition hält und ihr den Namen der Mutter mitgibt. Diese stirbt früh, und seitdem hat Madonna, wie sie selbst erklärte, oft mit ihr im Geist gesprochen – mit der »großen Mutter«. Madonna entdeckt ihr künstlerisches und musikalisches Talent. Mit 18 geht sie aus der Provinz von Detroit nach New York, in den »Big Apple«, dorthin, wo »man es schaffen muß«. Und sie schafft es: die amerikanische Traumkarriere von der Doughnut-Verkäuferin zum Megastar der Achtziger. Aber ihr Muster ist nicht mehr das des Opfers, sondern das der Täterin. Nur eine(r) hat je ihre Karriere kontrolliert: Madonna selbst.

Eine Episode aus der Zeit ihrer künstlerischen Anfänge in der Lower Eastside zeigt den entscheidenden Unterschied zu Marilyn. Zwei französische Plattenproduzenten entdecken die hochbegabte Entertainerin und wollen sie in Frankreich groß herausbringen: Sie fliegen die noch völlig Unbekannte nach Paris, setzen sie in ein Luxushotel, schicken sie in die teuersten Geschäfte, planen ihr eine Traumkarriere. Zu diesem Zeitpunkt hat Madonna noch keinen Schallplattenvertrag und ist in New York auf Gelegenheitsjobs zum Überleben angewiesen. Aber sie spürt, daß sie sich nicht »produzieren« lassen will. Was immer sie sein will, weiß sie vielleicht noch nicht genau – aber anderen wird sie sich nicht ausliefern. Ihre sagenhafte tänzerische Begabung, ihre Erotik, ihr Talent und ihre Liebe zur schwarzen Funkmusik – das alles gehört ihr selbst und ist nicht käuflich. Entweder schafft sie es auf ihre Art oder gar nicht. Madonna erbettelt sich ein Rückflugticket nach New York und verschwindet einfach wieder im Nachtleben der Dance-Clubs, bis sie die richtigen Leute für das gefunden hat, was sie wirklich sein will. Oft wurde ihr vorgeworfen, ihre perfekte Selbstinszenierung sei eigentlich nur die hemmungslose Durchsetzung ihrer Selbstverwirklichung – was man, bezeichnenderweise, einem Elvis, einem

Mick Jagger oder einem David Bowie niemals vorhalten würde, denn ihnen steht diese Selbstverwirklichung als »männlichen« Pop-Heroen ja zu, selbst wenn sie mit der androgynen
Seite ihres Mythos spielen.

Die Wut, mit der die Medien versuchen, Madonnas Insze-
nierung von einem Erfolg zum nächsten als »Masche« und
»PR-Maschine« zu denunzieren, zeigt nur, wie sehr sich die
Öffentlichkeit durch diese ihrer Weiblichkeit voll bewußte
»Göttin« bedroht fühlt. Madonna selbst weiß, warum sie pro-
vozieren will.

War Marilyn noch die lasterhafte Unschuld, nämlich das
Opfer in der lasterhaften und deshalb verführerischsten Rolle, so hat der Frauenkult mit Madonna sich dem Zugriff des
Patriarchats entzogen. Sie ist das unschuldige Laster, die Göttin und Täterin, die tun und lassen kann, was sie will, ohne
dabei ihre unschuldige Kreativität und Freude am Selbstaus-
druck zu verlieren – wie wild ihre Visionen auch sein mögen.
Und wie sehr sie diesen Unterschied zwischen sich und der
von ihr verehrten Monroe verstanden hat, beweist die Hom-
mage an den toten Star: In ihrem Video »Material Girl« par-
odiert Madonna Marilyn in einer Weise, die keinen Zweifel
daran läßt, daß dieses »Material Girl« sich nicht als Lustob-
jekt kaufen läßt, sondern sich die Diamanten einsammelt, die
ihre Bewunderer gefälligst bei ihr abzugeben haben – Opfer
für die Göttin.

Die amerikanische Kulturphilosophin Camille Paglia hat
mit ihrem scharfen Blick für die mythischen Masken Madonnas Wirkung durchschaut und auf den Punkt gebracht: »Madonna hat den jungen Frauen beigebracht, wie man durch
und durch weiblich und sexuell sein kann, ohne die Kontrolle über das eigene Leben zu verlieren... Sie sieht das Ani-

malische und das Raffinierte. Sie, die praktisch jeden Monat die Haartracht und ihren Kleidungsstil ändert, verkörpert die ewigen Werte der Schönheit und der Lust. Der Feminismus verkündet: Keine Masken mehr. Madonna sagt, wir sind nichts als Masken.«

Die Rückkehr der starken Frauen: Madonna schlägt Herkules

Madonna hat vorexerziert, welche Macht im Weiblichen steckt, wenn es sich selbst kreativ auslebt, statt sich den männlichen Mustern zu beugen. Dabei dürfte ihr als Künstlerin schnell klar gewesen sein, daß es sinnlos wäre, männliche Muster einfach zu kopieren. So gibt sie ein gutes Beispiel, wie frau auch einer anderen Falle entgehen kann, in der sich viele Feministinnen der Siebziger verfangen haben. Emanzipation ist nur sinnvoll, wenn sie sich gegen die falschen Mythen im eigenen Bewußtsein richtet, und nicht wenn sie, wie bei vielen sogenannten Feministinnen, die Opferrolle der Frau durch endlose Bejammerung und Beschuldigung des Mannes ständig herausstreicht und verstärkt. Frauen werden ihre Macht nur aus sich selbst heraus entwickeln, nicht indem sie sich vom Patriarchat eine bessere Position bewilligen lassen. Und viele durch die neue Kraft der Frauen verunsicherte Männer müssen erst noch lernen, daß sie den Mythos ihrer Männlichkeit schon selbst verstehen lernen müssen, statt sich ihn von Frauen erklären zu lassen.

In der Befreiung und Entfaltung der Göttin in jeder Frau steckt eine belebende Kraft, die unserer Kultur seit langer

Zeit gefehlt hat. Eine entfesselte Göttin wie Madonna ist das beste Beispiel für das, was Frauen heute erreichen können, wenn sie sich ihrer selbst bewußt werden. Nicht überall sind die Ausgangsbedingungen dabei dem Popgeschäft vergleichbar, aber das weibliche Denken ist in seiner befreiten Form dem männlichen Gedankenmuster des Patriarchats überlegen, weil es ganzheitlich-zyklische Muster beherrscht, die dem auf seinem Heldenpfad in den Sumpf geratenen Herkules abhanden gekommen sind.

Patriarchales Machtdenken muß dem rhythmischen Ausgleichsdenken der erwachenden Göttin auf die Dauer unterliegen, denn ihm gilt nur der linear-fokussierte Fortschrittsglaube als heilig. Nicht nur das olympische »citius, altius, fortius«, sondern vor allem die Idee der ständigen Progression, der Machtausdehnung, führen den Mann an jenen Punkt, an dem er plötzliche Zusammenbrüche wie in den Börsenkursen oder im Ökosystem nicht mehr verstehen kann, an dem sein eigener Körper nur noch mit dem Herzinfarkt auf den patriarchalen Machbarkeitswahn reagieren kann. Diese männliche Kultur des Westens ist noch immer eingebettet in eine Religion, die mit ihrer strengen Männerhierarchie das Weibliche auf ewig aus seiner angestammten Priesterinnenrolle ausschließen will. Der Papst Wojtyła, der letzte in einer langen Reihe von Usurpatoren der Lehren jenes Jesus Christus, der sich selbst eine gewisse Maria Magdalena zur Nachfolgerin erwählt zu haben scheint, weiß wohl, warum er seiner Kirche niemals eine weibliche Priesterschaft erlauben darf. Mit der Einführung der Priesterin wäre auch die Berufung einer Päpstin irgendwann unvermeidlich und damit der Zusammenbruch der patriarchalen Religionsmacht.

Mythos Liebe:
Wenn Blinde die Lahmen führen

Mythen sind Handlungsvorbilder. Das heißt nicht nur, daß sie uns ein Vorbild liefern, sondern auch die Dramaturgie einer Szene. Auch ein Gegenstand, ein Gefühl, eine Handlung kann zum Mythos werden, wenn sie eine weitergehende Be-Deutung versinnbildlichen, als ihnen konkret zukommt. Die Liebe von Romeo und Julia kann uns zum Beispiel überall begegnen, denn das Muster ihrer Beziehung ist so bekannt, daß es uns auf dem Dorf, in der Bronx, in jedem kulturellen oder historischen Umfeld sofort kenntlich wird. »Romeo und Julia« heißt, da lieben sich zwei mit tragischem Ausgang. Würde die Geschichte davon handeln, wie Julia sechs Kinder bekommt und großzieht, wäre es eine Geschichte – nicht aber der Mythos »Romeo und Julia«. Sind wir in der Gestaltung unserer Biographie schon allzuoft den mythischen Mustern unseres Bewußtseins ausgeliefert, wieviel leichter verfallen wir ihnen, wenn unsere Gefühle nach einem Ausdruck verlangen. Liebe allein genügt uns nie, wir wollen immer auch unsere besondere Liebesgeschichte, und die hat, spätestens seit der schönen Helena, einen Hang zur Tragik.

Orpheus und Caroline

Philippe Junot, Stefano Kassiragi, Daniel Ducruet – Männer im Leben der Töchter von Fürst Rainier III., dessen Frau Grace Kelly bei einem Autounfall an der Côte d'Azur tödlich verunglückte. Unfälle, Skandale, Scheidungen, Affären – ohne die Meldungen aus dem Hause der Grimaldis wäre die Regenbogenpresse um einiges ärmer. Der Unterhaltungswert, den das Fürstenhaus von Monaco durch seinen Scheinglanz und seine wahren Tragödien liefert, zeigt einmal mehr jene Sucht nach »stimmigen« Geschichten, in denen das Publikum seine eigenen Erfahrungen bestätigt sieht. Fürst Rainier gibt selbst die beste Antwort auf die Frage, weshalb seine Kinder weltweite Popularität genießen: »Sie helfen den Menschen, einen Traum zu träumen. Die Menschen schauen auf sie wie auf Models. Wie auf jemanden, den man gern imitieren möchte.« Für unsere eigene Biographie orientieren wir uns an Vorbildern, die wir wiederum nach den Erfahrungen auswählen, die sie stellvertretend für uns machen – Erfahrungen, von denen wir überzeugt sind, daß sie auch für uns wünschenswert sind oder uns auf die Dauer nicht erspart bleiben.

Wir fühlen uns mit der Traumhochzeit von Caroline oder Lady Di verbunden, weil wir uns diesen »Vorbildern« in den Dramen ihrer Beziehung verbunden fühlen. Zwar sind wir nicht so bedeutend, wir können uns nicht mit dem Luxusleben dieser modernen Abbilder der Göttin identifizieren – es bleibt ein Wunschtraum. Statt dessen sind wir ihnen in ihren Tragödien verbunden, denn Tragödien kennen wir aus unserem eigenen Leben. Je mehr Tragödie, desto beliebter, oder: »Bad News is good news«, wie es mit aufrichtigem Zynismus bei den Journalisten heißt – schlechte Nachrichten kommen immer gut an. Selten haben sich außerhalb Englands so viele Menschen für sein Herrscherhaus interessiert wie in der Hochzeit königlicher Ehekrisen. So wird unser eigenes Leben um einiges erträglicher, da wir sehen, daß es den Reichen und Schönen irgendwie auch nicht viel besser geht – von der Finanzlage einmal abgesehen, aber auch die ist in vielen Fällen nicht vom Muster der Ewigkeit geprägt: Warum müßte die Queen sonst den Buckingham-Palast zur Besichtigung freigeben? Und überhaupt: Warum ist Albert von Monaco noch nicht verheiratet – ist er am Ende gar. . .?

Die Lust am Unglück der Liebe ist mindestens so intensiv wie die Lust an der Liebe und sicherlich auch so alt. Ein Urbeispiel des Mythos der unglücklichen Liebe ist die Geschichte von Orpheus und Eurydike. Der Sohn des Apollon und einer Muse, dessen Gesang wilde Tiere zähmte und Bäume und Steine zum Weinen brachte, verlor seine Geliebte Eurydike an die Unterwelt. Pluto ließ sich erweichen, sie mit Orpheus zurück zu den Lebenden ziehen zu lassen, wenn Orpheus sie aus dem Hades hinausführen würde, ohne sich dabei nach ihr umzusehen. Natürlich klappte das nicht. Orpheus drehte sich um, Eurydike mußte im Hades bleiben, und den großen Sänger trieb die Liebessehnsucht nach der endgültig Verlorenen in den Wahnsinn. »Ach, ich habe sie verloren, all mein Glück ist nun dahin. Wär', oh wär' ich nie geboren, weh', daß ich auf Erden bin!«

Der Mythos vom Leid der Liebe zieht sich von Orpheus bis zu den monegassischen Fürstentöchtern. Die Erklärung für den Erfolg dieses mythischen Musters ist dabei recht einsichtig: Die leidvolle Liebe harrt noch der erlösenden Erfüllung, und selbst wenn diese, wie bei Orpheus, unmöglich geworden ist, bleibt die Erwartung »rein«. Unglückliche oder un-erfüllte Liebe birgt ja gerade deshalb die Hoffnung auf ein Happy-End, weil sie die Sehnsucht anstachelt, auch beim wohlwollenden Zuschauer. Es könnte ja so schön sein... oder hätte zumindest so schön sein können, wenn nicht... Demgegenüber erweckt die erfüllte Liebe eher Mißtrauen: zu schön, um wahr zu sein. Für jedes Glück ist ein hoher Preis zu bezahlen. Dieses Muster pflanzt sich in der Seelenstruktur fort, so daß wir psychische Nachbilder schaffen, aus denen heraus sich unser Handeln und Versagen uns selbst und ande-ren gegenüber rechtfertigen läßt. Diese Paßform ist so stark, daß wir unsere Beziehungen lieber dem Muster anpassen, als uns eine »Geschichte« zu suchen, die beide Partner glücklich macht. Denn die Sehnsucht nach dem erträumten Glück ist ein gewaltiges Gefühl, daß uns niemand wegnehmen soll. Die ge-träumte Vereinigung mit dem Partner gehört nur unserer ero-tischen und seelischen Wunschwelt. Aber die Erfüllung in der Wirklichkeit bringt Verantwortung und Wechselwirkungen mit sich, die den Zauber der Sehnsucht schnell vergehen las-sen. Letzten Endes ist die Liebestragödie nur das mythische Pendant zur idealen Liebe. Denn wenn die Tragödie wahr ist, wovon wir uns in den Medien oder im eigenen Leben täglich überzeugen, dann, so trösten wir uns, hat auch der Traum vom idealen Glück seine Wahrheit. Und wir binden uns noch fester an unsere eigenen falschen Versprechungen: Es könnte ja so schön sein, wenn nur...

Romantik-Junkies oder
Liebe auf den ersten Blick

Liebe ist eine einsame Sache. Man liebt immer allein für sich jemand anderen und kann nur hoffen, daß dieses Gefühl entsprechend erwidert wird. Ist das Liebesobjekt nicht gleich willig, muß es erst noch von der Qualität dieser unsterblichen Liebe überzeugt werden. Will es sich einfach nicht überzeugen lassen oder stehen einer solchen Überzeugung unüberwindliche soziale, schicksalhafte oder sonstige Gemeinheiten im Wege, dann sind wir eben unglücklich verliebt.

Wahre Liebe läßt sich durch nichts abschrecken – sie hört auch nicht einfach auf, wenn der/die Angebetete herzlos meint: »Du bist wirklich nicht mein Typ.« Wohlgemerkt, wir reden hier nicht von Sex und Verführung, von irgendwelchen erotischen Abenteuern oder den Verlockungen der Lust. Denn wenn es sich nicht um die wahre, reine Liebe handelt, dann kann man dem Liebesobjekt durchaus eine eigene Entscheidung zugestehen. Der Casanova oder die Verführerin würde sich dann jemand anderen zur Befriedigung der »niederen« Bedürfnisse suchen. Nicht der Liebende: Er läßt niemals locker. Ihm geht es um mehr. Als Verliebter kennt er keine Gnade, denn er stellt ja nicht einer sexuellen Beute nach – nein, nicht der wahrhaft groß und tief Liebende. Der Liebende führt einen emotionalen Krieg, in dem es keine Gnade gibt: Ich liebe dich solange, bis du mich liebst oder eben unglücklich machst. Daß bei dieser Art emotionalen Bombenangriffs das Liebesobjekt über kurz oder lang Reaktionen zeigt, die aus der wahren Liebe eine tragische machen, liegt eigentlich schon aus vernünftigen Gründen auf der Hand. Die

Wahrscheinlichkeit, daß bei zwei aufrecht gehenden Warmblütern mit ganzjähriger Brunst der Fortpflanzungstrieb — immerhin wahrscheinlich der stärkste biologische Instinkt — einen Mann und eine Frau zur Paarung treibt, ist beim Menschen durch soziale, kulturelle und seelische Anforderungen schon ziemlich herabgesetzt. Einfacher gesagt, es geht nicht gleich jeder mit jedem ins Bett, obwohl die simplen biologischen Voraussetzungen da wären. Wieviel unwahrscheinlicher ist es da erst, daß die hochkomplizierten seelischen Voraussetzungen für eine Liebe zufällig gleichzeitig auftreten. Es ist nicht auszuschließen, aber sicher nicht wahrscheinlicher als der Sechser im Lotto.

Statistisch mögen wir das einsehen, aber aus »Erfahrung« wissen wir, es gibt sie eben doch — die gegenseitige Liebe auf den ersten Blick. Die Hoffnung auf sie ist einfach lebensnotwendig, denn wie wollten wir als gefühlvolle Menschen ohne sie leben können? Wir werden uns kaum mit der Statistik trösten, inbesondere wenn wir jung sind und nach der ersten oder zweiten großen Liebe suchen. Glücklicherweise sind wir mit unserer Hoffnung nicht allein — von allen Seiten bieten uns die Medien die Geschichten der großen Liebe an, in denen zwei von Anbeginn füreinander bestimmt sind. Vom Lore-Roman bis nach Hollywood, von »Vom Winde verweht« bis zu »Pretty Woman«, von Caroline bis Lady Di, nichts ist gefragter als Liebesgeschichten. Geschichten, die unsere Hoffnung beflügeln und bestärken, so daß wir noch mehr Geschichten brauchen, wenn es in Wirklichkeit nicht so klappt.

Und so hat er uns dann in seinen Klauen, der stärkste, grausamste und zerstörerischste Mythos: der Mythos der romantischen, sentimentalen Liebe, jener grausige Wahn, daß irgendwo zwei Menschen geboren worden sind, die das Schicksal füreinander bestimmt hat.

Nach dem Mythos verläuft die große Liebe in etwa folgendermaßen (jedenfalls wird es in allen Liebesgeschichten so beschrieben):

1. **Tom sieht Caroline. Es wird ihm warm in der Brust, seltsame prickelnde Gefühle stellen sich ein: Tom weiß, das ist die Frau meines Lebens.**
2. **Caroline sieht Tom. Es wird ihr warm in der Brust, seltsame prickelnde Gefühle stellen sich ein: Caroline weiß, das ist der Mann meines Lebens.**
   Die Sache läßt sich spannender gestalten, wenn die beiden sich nicht gleichzeitig ansehen – erst Tom die Caroline z. B., denn die guckt gerade weg.
3. Leider können sich Tom und Caroline diese Erkenntnis nicht sofort mitteilen, weil: a) Tom noch eine Partnerin hat, b) Caroline noch einen Partner hat, c) einer von beiden zu schüchtern ist oder d) Carolines böser Onkel, der Untergang der Titanic, die Landung der Marsianer oder sonst irgendwas dazwischenkommt.
4. Nachdem es mit dem gegenseitigen »Liebe-auf-den-ersten-Blick-Geständnis« nicht auf Anhieb geklappt hat, trauen sich beide immer abwechselnd nicht, es nachzuholen – mal setzt er an, mal sie, immer kommt etwas dazwischen.
5. Schließlich schaffen sie es doch, sich gleichzeitig ihre Liebe füreinander zweifelsfrei und rückhaltlos zu erklären: Die Glocken läuten vom Himmel, es regnet Blumen, der längste Kuß und die wunderbarste Nacht ihres Lebens. Und wenn sie nicht gestorben sind, lieben sie sich noch heute.

Schön wäre es ja. Zum Trost für alle, bei denen es wieder nicht geklappt hat, hält der Liebesmythos die tragische Variante bereit. Sie hat immerhin den Vorteil, daß sie garantiert irgendwann klappt und jeder sie einmal auf die eine oder andere Art mitmachen darf. Bis zu Punkt 3 läuft sie wie gehabt, mit einem der folgenden kleinen Schönheitsfehler:

a) Tom ist doch nicht für Caroline bestimmt,

b) Caroline ist doch nicht für Tom bestimmt oder

c) bei 3. werden die beiden leider unwiederbringlich voneinander getrennt.

Als unschlagbar hat sich dabei Variante c) erwiesen, weil, wie wir schon erläutert haben, die Träume der unerfüllbaren Liebe einfach die süßesten sind. In der tragischen Liebe geht es dann so weiter:

4. Caroline oder Tom haben erfahren müssen, daß ihre Liebe niemals oder nie wieder vom anderen erwidert wird. Ein tiefer, süßer Schmerz über die Ungerechtigkeit des Daseins und das Leid der Liebe gibt dem einen oder anderen ein Gefühl der Bedeutsamkeit.

5. Caroline oder Tom sehen jemand anderen. Es wird... *(weiter wie bei 1.).*

Soweit die Idealvorstellung der Liebe, an deren Mythos wir so beharrlich kleben. Mit wirklichen Menschen könnte die Geschichte allerdings eher in der folgenden Form ablaufen:

1. Tom sieht Caroline. Sie gefällt ihm. Er wünscht sich, daß er auch Caroline gefällt.

2. Caroline sieht Tom. Er gefällt ihr nicht. Ein Mann, der ihr gefällt, taucht aber zur Zeit leider nicht in ihrem Leben auf.

110

3. Diese Erkenntnis teilt Caroline Tom aber nicht mit, weil a) Tom sich so nett um sie bemüht, b) Caroline ihn sich erst doch mal genauer ansehen will oder c) sie einen der hundert Gründe entdeckt, derentwegen eine Beziehung hilfreich für sie selbst sein kann, die aber mit »Liebe« nichts zu tun hat.

4. Ein längerer Prozeß gegenseitigen Kennenlernens und gemeinsamer Erfahrungen setzt ein, an dessen Ende:
   a) die beiden sicher sind, daß sie nicht füreinander bestimmt sind,
   b) die beiden feststellen, daß sie viel miteinander anfangen können, aber nicht unbedingt in einer festgelegten Liebesbeziehung miteinander umgehen wollen,
   c) Caroline feststellt, daß Tom doch ihr Traumpartner ist,
   d) Tom feststellt, daß Caroline doch nicht seine Traumpartnerin ist.

Selbstverständlich kann man Tom und Caroline in allen Punkten jeweils miteinander austauschen. Wenn wir alle in unserer westlichen Gesellschaft lernen würden, daß der zuletzt beschriebene Ablauf mit seinen Varianten alles ist, was wir von unserem Partner erwarten können und uns entsprechend im Umgang mit ihm verhalten, anstatt ihn mit unserer Sucht nach der großen Liebe zu verfolgen, wären die meisten Beziehungstherapeuten bald arbeitslos.

Aber die Verführung des Liebesmythos läßt uns ständig nach neuen Gründen suchen, warum es eigentlich so, wie beim ersten Muster beschrieben, ablaufen muß. Je nach Seelenlage sind wir auch bereit, die zweite, die tragische Variante als alles beherrschendes Grundmuster zu akzeptieren und uns lustvoll vom Leben bestätigen zu lassen. Nur von der

Normalität des dritten Musters wollen wir meist nichts wissen, denn dann müßten wir akzeptieren, daß bei unserem Liebesbedürfnis der Partner auch noch ein Wörtchen mitzureden hat.

Die Unglücksmythen der Liebe

Wenn wir schon nicht ohne den Mythos in der Liebe auskommen, sollten wir wenigstens einen wachen Blick dafür entwickeln, auf welchem Mythos wir selbst eine Beziehung aufbauen. Vielleicht entdecken wir dabei irgendwann, daß die Liebe auch ohne Tragik schön ist. Wer aber die Maxime, die unglückliche Hoffnung ist allemal risikoloser als die bescheidene alltägliche Erfüllung, zu seinem beherrschenden Muster gewählt hat, dem kann niemand mehr raten. Jedenfalls ist der Sucht nach tragischer Liebe mit guten Ratschlägen so wenig beizukommen wie der Drogensucht mit Aufklärung über ihre eher ungesunde physiologische Wirkung.

Anders sieht es mit dem Partner aus, der ja seinen eigenen Liebesmythos haben dürfte, ihn uns aber nicht unbedingt gleich verrät. Vielleicht kennt er ihn ja selbst nicht so genau. Dieser Mythos kann um so unheilvoller auf die Beziehung wirken, wenn er dem, was der Partner offen erklärt und erwartet, genau entgegenstrebt. Mann oder Frau sollten also rechtzeitig herausfinden, welches Muster die Liebe beim anderen prägt.

Wenn man sich die berühmten Liebesgeschichten mit ihren tragischen Fallen auf den nächsten Seiten ansieht, wird man sich nicht mehr wundern, warum es in unserer Kultur nicht so leicht ist mit der Liebe. Weder unsere klassischen Sagen noch Shakespeare, Kleist oder Brecht, keiner traut der Liebe harmloses, unkompliziertes, dauerhaftes Glück zu. Immer wird sie zum tragischen Drama. Im Überschwang des Liebesgefühls lauern Gefahr und Untergang, warnen uns die Dichter und Denker durch die Jahrtausende. Und als »self-fulfilling-prophecy« bestätigen sich solche Warnungen, denn sie sind der beste Verstärker für den Mythos der tragischen Liebe.

Solange Mann und Frau in der Struktur des Patriarchats gefangen sind, wird es mit der »glücklichen« Beziehung schwierig bleiben. Denn um miteinander leben zu können, müßten beide Partner ihr Selbst in Gemeinsamkeit entwickeln können. Gerade die Partnerbeziehung steht einer solchen Entwicklung aber im Weg, denn sie orientiert sich an Mythen, die als Rechtfertigung eines Herrschaftsgefüges entstanden sind, das sich durch seelische Entwicklung gefährdet sieht. Wenn es in der Welt keinen Platz für eine lebensfähige Beziehung gibt – ja, wenn es für das Überleben der Welt nahezu notwendig scheint, die Liebe als Gefahr zu sehen –, haben wir natürlich besonderes Verständnis dafür, daß viele »große« Liebende unserer Kultur den Selbstmord als Ausweg wählten.

	Romeo & Julia	**Tristan & Isolde**
Geschichte:	Die beiden Liebenden stammen aus zwei verfeindeten Familien, die eine Verbindung unter keinen Umständen zulassen wollen. Es bleibt nur der Ausweg der gemeinsamen Flucht, die aber durch »giftige« Mißverständnisse tragisch im gemeinsamen Tod endet.	Eigentlich sollte Tristan seinem König Isolde als Braut werben, verliebt sich aber selbst in sie, die nach anfänglichem Zögern sich der Liebes-Bestimmung hingibt, wodurch beide ihre Umgebung verdrießen und als Outcasts nur noch im Tod Vereinigung finden.
Mythologem:	Für unschuldige Liebe ist kein Platz in einer Welt aus Haß und Intrigen.	Die Macht der Liebe zerstört alle Bande der Vernunft und des Gewissens und am Ende die Liebenden selbst.
Mythische Falle:	Liebe ist nichts für diese Welt.	Liebe ist lebensgefährlich.
Lösungsweg:	Erkennen, daß für Menschen mit Geduld und Liebe immer Hoffnung besteht.	Liebe bedeutet auch Verantwortung und Ehrlichkeit – zu einer ehrlichen Beziehung kann man auch stehen.

Unglücksmythen der Liebe

	Lohengrin & Elsa	Artus & Guinivere
Geschichte:	Der geheimnisvolle Gralsritter Lohengrin rettet Elsa vor dem Tode, die beiden verlieben sich und wollen heiraten. Aber in der Hochzeitsnacht sucht Lohengrin wegen Elsas Fragen nach seiner Hekunft das Weite.	Die treue und edle Gattin Guinivere betrügt ihren Mann König Artus mit seinem besten Freund Lanzelot. Alle drei möchten einander eigentlich nicht weh tun, lieben sich aber wechselseitig und ruinieren so die Ehe, den Ritterbund des Runden Tisches und das Königreich.
Mythologem:	Wenn die Liebenden kein wirkliches Vertrauen zueinander finden, treibt es sie wieder auseinander.	Die Macht der Gefühle stürzt Männer und Frauen noch so edlen Gemütes ins Unglück, macht Freunde zu Feinden und Liebende zu Liebes-Kranken.
Mythische Falle:	Fragen schadet der Liebe.	Dreiecks-Verhältnisse müssen katastrophal enden.
Lösungsweg:	Vertrauen und Liebe müssen Hand in Hand gehen – nur wer dem anderen vertraut, der kann selbst Vertrauen finden.	Jeder muß lernen, daß seine Gefühle Folgen haben und daß jede Verletzung, die er damit anderen zufügt auch seine eigene ist – Liebe meint immer den ganzen Menschen, sie ist keine Antwort auf andere Liebe, sondern ein Geschenk.

	Hamlet & Ophelia	Othello & Desdemona
Geschichte:	Ophelia liebt den zögerlichen und verkopften Hamlet bis zum Wahnsinn. Er ignoriert sie so lange, bis sie sich aus Verzweiflung ertränkt.	Othello, der entlassene Feldherr der Venezianer, fühlt sich von allen verraten und verdächtigt seine ihn über alles liebende Frau der Untreue. In seinem Wahn erwürgt er die Arme.
Mythologem:	Unerfüllte Liebe führt zu Wahnsinn und Tod.	Die große Liebe verfällt der Eifersucht und frißt die Liebenden.
Mythische Falle:	Liebe und Wahnsinn liegen unmittelbar beieinander.	Liebe kann jederzeit in mörderischen Haß umschlagen.
Lösungsweg:	Erkennen, daß blindes Verlangen keine Liebe ist und nicht jedes Gefühl eine Erfüllung finden muß.	Vertrauen ist wichtiger als jede Gewißheit; auch Eifersucht ist eine heilbare Krankheit.

Das Mayerling-Syndrom

Am 30. Januar 1889 nahmen sich der österreichische Thronfolger Kronprinz Rudolf und seine Geliebte, die Baronesse Mary Vetsera, in Mayerling gemeinsam das Leben. Diese »Tragödie« stellt bis heute einen gewaltigen Nährboden für Spekulationen aller Art dar. Aber stärker als alle politischen Implikationen der Zeit wirkt Mayerling als Symbol für den Doppelselbstmord aus Liebe nach.

Was führt zwei Menschen, die sich lieben, dazu, ihrem Leben gemeinsam ein Ende zu setzen? Hoffen sie auf ein Weiter*lieben* im Jenseits? Kann es sein, daß sie sich zu sehr lieben, daß sie zu sehr miteinander verschmelzen, so daß sie glauben, es gäbe, an diesem Punkt der Liebe angelangt, keine Steigerung mehr? Das Phänomen des Doppelselbstmordes zeigt die zerstörerische Kraft dessen, was sich »unter normalen Umständen« als Sinn manifestiert: Die Liebe als Sinn des Lebens, als dessen Zweck und Ziel. Der gemeinsame Freitod kann die Folgerung aus dieser Manifestation, aber auch die Antwort auf deren Bedrohung sein: Wir spüren, daß sich unsere Liebe auflöst, aber um den Sinn des Lebens zu bewahren, töten wir uns. Der gemeinsame Tod, den die Liebenden wählen, widerspricht zwar der Liebe als Erfüllung aller Lebensmöglichkeiten, aber er erfüllt den Mythos der Liebe, die zu gut ist für diese Welt. Paare, die sich zerstören, um gerade in der Zerstörung weiterzuleben, um nie wieder getrennt sein zu müssen, unterwerfen sich mit dieser letzten Hingabe der Destruktivität, der Wachstumsverweigerung, der dunklen Seite des Menschlichen.

Der Freitod ist niemals »frei«, da er ja von Bedingungen,

von Vorerlebnissen abhängig ist. In der uns bekannten tragischen Version der Liebe, aus der er sich als letzte Konsequenz ergibt, erkennen wir das Prinzip, daß Verliebtsein als Leidenschaft nicht lebensspendend sein kann, weil es im Grunde ein Nein zum Leben, ein Nein zur Zukunft darstellt. Für sentimentale Süchtige der »großen Liebe« kann die »Lust« an der Selbstzerstörung ein letztes Aufschwingen der Gefühlswelt bedeuten, ein letzter Beweis sein für die Größe ihrer Gefühle – der Tod scheidet sie nicht, sie leben über ihn hinaus und überschreiten *gemeinsam* die Grenzen der Welt. Hier wird anschaulich, was die Mystifizierung des Liebesgefühls eigentlich bedeutet: Die Liebe ist wichtiger als das Leben. Was uns als Mythos der »großen Liebe« seit Generationen vorerzählt und vorgelebt wird, pervertiert die Liebe in letzter Konsequenz zum Gegenteil dessen, was sie als Gefühl der erlebten Freude und Lebensbejahung eigentlich sein sollte.

Da Liebe in ihrer wahrhaftigsten Manifestation Leben bedeutet und als einzige Kraft in der Lage ist, Leben zu schenken, ist der Doppelselbstmord aus Liebe im Grunde nichts anderes als eine Verweigerung und Flucht vor jener wirklichen Liebe, die sich immer neu beweisen und entwickeln muß. Ihre Entfaltung kann nur gelingen, wenn sich die Beteiligten selbst entfalten. Im Tod sind sie endliche Wesen, die sich der lebensfeindlichen Ordnung menschlichen Willens endgültig unterworfen haben, im Leben wären sie durch die prinzipielle Unendlichkeit der Liebe selbst unendlich.

In vielen Beziehungen kommt der Punkt, an dem die Beteiligten instinktiv spüren, daß ihre Liebe einer Wandlung unterliegt, einer Veränderung auf einer tieferen Ebene ihres Selbst, die aus dem rauschhaften Gefühl des Anfangs etwas anderes, Dauerhafteres, aber weniger Leidenschaftliches macht. Wenn beide diesen Wandel bestehen, gehört ihnen die Zukunft. Wenn sich einer oder beide aber süchtig an die Sentimentalität des Verliebtseins klammern, stürzen sie sich in die »tragische Falle« und beschwören eine Liebe, wie es sie tatsächlich in dieser Welt nicht geben kann.

Die Ehe als Wille und Verstellung

Wenn wir die Sentimentalität der »großen Liebe« als Verführung zur Tragik ablehnen, bleibt uns dann nur die Partnerschaft als gefühlsarme Zweckgemeinschaft? Ist die »bürgerliche« Ehe am Ende die Antwort unserer Kultur auf die Unmöglichkeit der gelebten Liebe? »Vom Eros zur Ehe«, so hieß ein Bestseller der dreißiger Jahre. Schon der Titel ist verräterisch, bedeutet er doch, daß für Eros in der Ehe kein Platz mehr ist. Gemeint war und ist jene monogam angelegte Ehe, die noch heute als Kleinfamilie die Keimzelle der Industriestaaten bildet und jene »sexuelle Revolution« der späten sechziger und frühen siebziger Jahre, die sich eher als harmlose »Sexwelle« entpuppte, weitgehend unbeschadet überstanden hat. Für den deutschen Kulturphilosophen Otto Mainzer, den Begründer eines neuen erotischen Idealismus in den dreißiger Jahren dieses Jahrhunderts, ist die Ehe nur ein Ausdruck der sexuellen Korruption, nämlich der wirtschaftlichen Bindung eines Mannes an eine Frau bzw. umgekehrt. Wenn die Befriedigung des sexuellen Bedürfnisses an wirtschaftliche Leistungen gebunden ist, die einer der Partner erbringen muß, wird Eros korrumpiert, betrogen und verbannt aus jenem sexuellen Freiraum der Partnerschaft, in dem der gemeinsame Sex als Feier des Lebens in seiner vollendeten Schönheit nur stattfinden kann, wenn beide einander in Freundschaft und ohne weitere Absichten verbunden sind.

Jede öffentlich zelebrierte Prominentenhochzeit, jeder Pomp einer Trauung ist notwendig, um bei Beteiligten und Zuschauern das Gefühl des Zweifels am Grundgedanken der Tragfähigkeit solcher »Partnerschaften« zu besiegen. Ist die Ehe nämlich nicht wie in früheren Jahrhunderten als Interessengemeinschaft zwischen zwei Familien geschlossen, bei der die Gefühle der Partner sowieso keine Rolle spielen und niemand darauf gekommen wäre, sie danach zu fragen, dann bedarf sie des Mythos der »ehelichen Liebe«.

Dieser Mythos ist auch aus anderem Grund nicht zu besiegen. Denn in der Liebe, die sich zwischen Hoffen und permanenter Verzweiflung, die durch erneute Hoffnung abgelöst wird, bewegt (das Gänseblümchenspiel: Sie/er liebt mich, sie/er liebt mich nicht, sie/er liebt mich etc.), verbirgt sich ein grundsätzlicher Widerspruch, der auch die Hoffnung auf den Erfolg jeder Ehe rechtfertigt: Liebe an sich ist unendlich, Menschen sind aber endliche Wesen, die sich die Unendlichkeit auf dem Wege der Liebe zu eigen machen wollen. Immer wieder ist die Liebe als »hormonelles Irresein« abgetan worden, immer wieder wurde eben dieser Gefühlsrausch mit der Liebe verwechselt und bildete den Mythos der Liebe. So ist die Forderung nach der Einheit von Liebe und Sexualität in der Ehe zwangsläufig. Warum, wenn eben nicht aus wirtschaftlichen Gründen, sollte man geheiratet haben?

Die Kraft, die der Mythos der »ehelichen Liebe« trotz sprunghaften Ansteigens der Scheidungsrate in der Gegenwart ausübt, ist jedenfalls ungebrochen, auch wenn die Definition von Samuel Johnson aus dem 18. Jahrhundert weiterhin gilt, daß die zweite Ehe »den Triumph der Hoffnung über die Erfahrung« darstellt. Vielleicht ist der Urmythos, der hinter diesem verhängnisvollen Tatbestand wirkt, bei Plato zu finden, der verlauten ließ, daß die ursprünglich kugelgestaltigen Menschen von den Göttern in der Mitte durchtrennt wurden, weshalb sie nun über die Erde laufen und ihre verlorengegangene Hälfte suchen. Mit philosophischer Rechtfertigung wird man also auch in kommenden Jahrhunderten noch von der »besseren Hälfte« sprechen können.

Wider die sexuelle Zwangswirtschaft

Otto Mainzers Widerstand gegen die eheliche Korruption gipfelte in seinem erotischen Manifest »Die sexuelle Zwangswirtschaft«, das einen radikalen Versuch darstellt, die Geschlechterrollen neu zu formulieren. Es ist ein Protest gegen den Modus der Sexualität, die sich durch die Unterwerfung unter die Logik von Macht und Geld selbst ad absurdum führt, ohne daß es den Beteiligten klar würde. Sexuelle Zwangswirtschaft bezeichnet demnach die zwangsweise Verknüpfung sexueller Bedürfnisse mit wirtschaftlichen Interessen, bei denen weder das Liebesbedürfnis noch die Aufgaben der Wirtschaft befriedigend gelöst werden. Was not tut, wäre die Befreiung *beider* Geschlechter, nicht die des einen auf Kosten des anderen. Sicher hat es zu allen Zeiten Befreiungsversuche gegeben. Sie waren aber meist untauglich und zum Scheitern verurteilt, weil die Wurzel des Übels nicht erkannt wurde, nämlich die jahrtausendealte Korrumpierung des Liebesgottes Eros, die bereits in dessen Mythos angelegt ist.

Einer griechichen Sage zufolge war Eros das Kind von Poros, dem Gott des Reichtums, und von Penia, der Göttin der Armut. Die Götter machten Poros bei einem Festgelage betrunken, so daß er sich unter einen Baum legte und einschlief. Penia gesellte sich zu ihm und empfing als Kind den Eros.

In der Geschichte findet sich die eindeutige Erkenntnis, daß die Eltern der Liebe im materiellen Sinne Armut und Reichtum sind, die eine Zwangswirtschaft eingehen, deren Beginn – wie bis zu den heutigen Beziehungen – durch einen gemeinsamen Rausch eingeleitet werden muß. Ein Schema, das sich in den meisten Märchen und Liebesromanen wiederfindet, nach dem ein »männlicher Held« ein armes Mädchen aus dem Schicksal der Not befreit, wonach das Mädchen ihm fürderhin willig ergeben ist und ihn heiratet, um eine lebenslange Absicherung des Daseins zu erlangen. Wie der Mythos von Sex und Geld auch im 20. Jahrhundert wirksam ist, kann jeder an sich selbst überprüfen oder den Klatschspalten entnehmen. Wie viele Frauen würden einem begnadeten Liebhaber, der arm ist, den Vorzug gebenüber einem reichen Mann geben, dessen Potenz vielleicht im Schwinden ist, dessen Macht und Geld jedoch ausreichen, um zumindest materiell ein sorgenfreies Leben zu gewährleisten? Wie uns Hollywood gerade mit dem Film »Ein unmoralisches Angebot« vorgeführt hat, sollte man bei dieser Frage sorgfältig zwischen Theorie und Praxis unterscheiden.

Eros, so zeigt uns seine Geburtsmythe, ist also schon von der Zeugung an korrumpiert. Erotik hieße dann also, sich in der Liebe etwas zu versprechen, was sich als materieller Vorteil manifestieren soll. Und in der Tat ist Erotik zwangsläufig immer mit dem Schein verbunden, mit der Erwartung, dem noch unerfüllten Verlangen – dem Versprechen des »Mehr«, der Sexualität, bei der einer dem anderen sich hingibt, aber nicht aus freien Stücken, sondern weil man sich etwas davon »verspricht«. Wer die Liebe also an den Eros bindet, muß dessen Mythos berücksichtigen – er wird ihn wohl auch »einkalkulieren«. Die Kalkulation des Erwerbs von Geld gegen Gefühl mag aufgehen, die Liebe bleibt dabei zwangsläufig auf der Strecke. Denn zur Liebe gehört so unbedingt Vertrauen, wie bei jedem guten Geschäft ein Rest von Mißtrauen die Beziehung unter den Partnern absichern sollte. Der Preis der Liebe kann nur Liebe sein, wird sie anders bezahlt, verwandelt Aphrodite sich in Eros.

Wenn das Patriarchat also in den Jahrtausenden seines Triumphes der Liebe weder mit der Verfolgung der Frau, der Propagierung von »Liebestragik« noch mit der Idealisierung falscher Gefühle beikommen konnte, ist ihm in der Korrumpierung der Liebe im sogenannten »bürgerlichen« Jahrhundert ein bisher nicht dagewesener Durchbruch gelungen.

Elsas Frage

Angesichts all dieser im Grunde die Liebe verhindernden »Liebesmythen« spricht es für den Menschen und seine Natur, daß ihm im Leben doch hin und wieder erfüllte Beziehungen gelingen. Doch wenn die Liebenden allen Fallen der zuvor beschriebenen mythischen Muster entgangen sind, steht ihnen noch eine besondere Prüfung bevor. Für das ihr entsprechende Mythologem hat Richard Wagner mit seiner Oper »Lohengrin« einen zwingenden Ausdruck gefunden.

Lohengrin, der als Held erscheint, um die des Brudermordes angeklagte Elsa zu retten, fragt zunächst nach, ob sie sich seinem Schutz überhaupt anvertrauen möchte. Als Elsa freudig bejaht, besteht Lohengrin darauf, daß sie ihn niemals nach seinem Namen und seiner Herkunft fragen darf: ». . . nie sollst du mich befragen.« Elsa willigt ein. Nachdem Lohengrin ihre Schuldlosigkeit bewiesen hat und die beiden sich zur Hochzeit entschlossen haben – aus reiner Liebe, versteht sich –, beginnt Ortrud, Elsas Widersacherin, der Braut Zweifel an ihrem Zukünftigen einzureden. »Wohl, daß ich dich warne, zu blind nicht deinem Glück zu traun; daß nicht ein Unheil dich umgarne. . . « Sie stichelt immer weiter: »Kannst du ihn kennen, kannst du es sagen, sein Geschlecht, sein Adel wohl bewährt? Woher die Fluten ihn getragen, wann und wohin er wieder von dir fährt?« Zunächst weigert sich Elsa, Ortruds Drängen nachzugeben, doch allmählich kommen auch ihr Zweifel. Und noch in der Hochzeitsnacht bricht sie ihr Versprechen und fragt ihren Gatten nach seinem Namen, seiner Familie und dem Ort seiner Herkunft. Lohengrin, der sein Glück auf das gewährte Vertrauen gesetzt hatte, gibt Antwort. Doch mit dieser Antwort verabschiedet er sich auch für immer von Elsa, bei der er jetzt nicht mehr bleiben kann.

In der Tiefe dieses Musters einer Liebestragödie läßt sich das Verlangen des einen Partners erkennen, endgültig wissen zu wollen, wem man sich für immer anvertraut. Vordergründig mag es dabei durchaus um materielle Interessen, wie sie von Otto Mainzer konstatiert wurden, gehen. Im sehr materialistischen Taiwan müssen Männer ihrer Auserkorenen vor der Hochzeit Konto- und Grundbuchauszüge vorlegen, damit die Frau schwarz auf weiß sehen kann, worauf sie sich mit dem »Bund fürs Leben« einläßt. Elsas Frage findet sich in dieser Variante also auch im fernen Asien und zeigt die harte materialistische Seite einer Liebe als Zweckgemeinschaft: Das Weibchen will die Brut versorgt sehen und wendet sich instinktiv dem stärksten, mächtigsten, reichsten Vertreter der männlichen Spezies zu. Man könnte daraus folgern, hier handele es sich um einen zwangsläufigen, *natürlichen* Vorgang, der der Arterhaltung diene. Doch die Anthropologin Helen Fischer weist nach, daß sich zwar die »Ehe« vor vier Millionen Jahren bei den Urmenschen bereits als Zweckbündnis entwickelt hat, aber damals immer nur als Zweckgemeinschaft von begrenzter Dauer galt, während der die Frau bei der Kinderaufzucht und Nahrungszubereitung entlastet wurde, bis der Nachwuchs in die Obhut der Dorfgemeinschaft gegeben werden konnte. Danach gingen die »Ehen« wieder auseinander, und Mann und Frau suchten sich neue Partner.

Hinter der materiellen Sorge, die nicht naturgegeben in einer Zwangsehe enden muß, steht noch ein tieferes Verlangen, das sich in Elsas Frage spiegelt – das Verlangen nach grenzenlosem Vertrauen in der Liebe. Lohengrin will dieses Vertrauen in Elsas fragenloser Akzeptanz seines Seins, sie wiederum will von ihm alles wissen, also spüren, daß er ihr sein Selbst voll und ganz anvertraut. Beide haben ein verständliches Verlangen: Wenn der andere mir traut, warum sagt er mir nicht alles? Warum will der Partner alles wissen, wenn er mir doch grenzenlos vertraut?

Aus diesem Dilemma hilft nur eine Einsicht in die Begrenztheit alles Menschlichen. Grenzenloses Vertrauen gibt es in der Wirklichkeit genausowenig wie grenzenlose Liebe. Auch der Mythos des grenzenlosen Vertrauens kann die Liebe zerstören, denn jeder hat in sich seelische Bereiche, die er ganz für sich allein braucht. Und manchmal manifestiert sich dieses Verlangen auch in banalen äußeren Handlungen, mit denen man sich selbst seine innere Freiheit im Äußeren beweisen will. Der Liebende muß seinem Partner auch Vertrauen in jenen Bereichen entgegenbringen, in denen er sich nicht öffnen kann. Er muß letzten Endes akzeptieren, daß die Liebe, wenn sie denn von dieser Welt ist, auch »wirkliche« Grenzen hat – und das ist vielleicht die schwerste Lernaufgabe im Umgang mit ihren mythischen Mustern.

Mythos Geld:
Es ist nie da, wenn
man es braucht.

Auch das Geld wäre ohne seinen Mythos nur noch die Hälfte wert, vielleicht sogar nichts. Sobald wir uns mit den mythischen Mustern des Reichtums näher befassen, müssen wir feststellen, daß hier der Mythos nicht nur alles beherrscht – sondern daß er eigentlich nichts anderes ist als die öffentliche Übereinkunft, sich einem bestimmten mythischen Muster der Alchemie rückhaltlos anzuvertrauen.

Schwarzes Gold und Börsen-Alchemie

Geld ist das auf Papier gedruckte Zahlungsversprechen, uns einen bestimmten Betrag als Gegenwert dieses Papiers in Gold oder einem anderen Edelmetall auszubezahlen. Bei Münzen könnte man es sogar noch mit einem Stück Metall zu tun haben, das seinen aufgeprägten Wert auch als Material besitzt. Aber das spielt für jeden, der heute Geld benutzt, eine so geringe Rolle, daß er sich nicht für eine einzige Sekunde beim Bezahlen davon aufhalten läßt, über den Gegenwert seines Geldes nachzudenken. Selbst das Papiergeld hält man immer seltener in den Händen. Es hat sich in abstrakte

Verrechnungseinheiten verwandelt, über die wir mit Kredit-
karten, Schecks, telefonisch oder per Computer verfügen.

Bleibt die Frage, warum eigentlich alle bei diesem Spiel
mitmachen? Denn die Werte auf dem Konto oder dem Papier
sind ja nur eine Art stiller Übereinkunft, deren allgemeine
Akzeptanz Grundlage unserer Wirtschaft ist, aber — wie wir
bei Bankpleiten oder galoppierender Inflation schnell merken
— keine naturgegebenen Sicherheiten beinhalten. Wir wollen
hier nicht die Frage der besten Geldanlagen diskutieren, sondern etwas tiefer schürfen. Warum sind wir überhaupt bereit, uns dieser Geldwirtschaft anzuvertrauen?

Es ist das Versprechen des Reichtums für jeden, das uns
lockt — der Mythos von der unbegrenzten Vermehrung des
Geldes, der wiederum zurückgeht auf den Mythos der Prima
Materia in der mittelalterlichen Alchemie, jenem geheimnis-
vollen Stoff, mit dem man alles in Gold verwandeln zu können glaubte. Anders als Grundbesitz oder Schmuck ist Geld
für jeden zugänglich. Es kennt juristisch gesehen zwar einen
Besitzer, aber der einzelne Schein hat selbstverständlich keinen Eigentümer. Kein gesellschaftlicher Stand, keine Herkunft, keine soziale Voraussetzung ist an den Besitz von Geld
gebunden, und jeder kann damit im Rahmen der Gesetze der
Finanzwelt tun oder lassen, was er will. Nur vernichten darf
er es nicht, denn juristisch gesehen ist Geld eine Urkunde, die
der ausgebenden Bank gehört, und diese wiederum gehört
meistens einem Staat.

Betrachtet man die Geschichte des Geldes, sieht man, daß
es eng mit Schulden zusammenhängt. Zunächst bestanden die
Münzen aus Edelmetall und hatten tatsächlich den Wert, der
darauf stand. Eine Münze, die einem der mittelalterlichen
Königen oder Fürsten gehörte, wurde von ihm geprägt, wobei

er darauf achtete, daß keine minderwertigen Metalle darunter gemischt wurden. Inflation, das heißt also Entwertung des Geldes, gab es aber schon seit dem Altertum, denn wer als Herrscher hohe Rechnungen zu begleichen hatte, der konnte dies natürlich bequem durch das vermehrte Prägen minderwertiger Münzen tun. Andererseits waren dieser Art Bereicherung ihre Grenzen gesetzt, weil die Münzen allen Wert verloren, wenn das Volk, das mit ihnen Handel betreiben sollte, niemanden mehr fand, der die minderwertigen Taler annehmen wollte.

Da den mittelalterlichen Fürsten Europas immer öfter die Münzen knapp wurden und sich aus ihrem Bodenbesitz nur begrenzt neuer Wert schöpfen ließ (da konnten die Bauern sich noch so fleißig schinden und Steuern bezahlen), liehen sie sich Geld bei den immer reicher werdenden neuen Handelshäusern. Gleichzeitig wurde bei Hofe eine reisende Gruppe von Gelehrten äußerst populär, die Ausweg aus der Schuldenmisere versprach: die Goldmacher. Sie beriefen sich auf die Lehren der Alchemie, die hervorgegangen war aus dem geheimen Wissen der frühen Schmiede um die Bearbeitung und Wandlung der Metalle. Im Mittelpunkt der Alchemie stand die Vorstellung, daß alle Materie im geistigen Bereich verbunden war und letztlich alle Stoffe nach geistigen Prinzipien wandelbar waren. Besaß man die »Prima Materia«, den Stein der Weisen, eine geheimnisvolle Substanz, vielleicht aber auch einfach ein bestimmtes geistiges Prinzip, ließ sich damit alle Materie wandeln – und praktischerweise natürlich auch Blei in Gold.

Es war nicht bei jedem Alchemisten der Wunsch nach Reichtum, der ihn zu seinen Forschungen trieb – die Lehren der Alchemie verlangten eher nach geistigen Werten. Aber

für das Volk und seine Herrscher reduzierte sich die Alchemie schlicht auf die Kunst der Goldmacherei, und für die hatte man an allen europäischen Höfen Verwendung. Uns interessiert hier weniger die Entwicklung der Alchemie hin zu
unseren modernen Wissenschaften mit ihrem unbegrenzten
Machbarkeitswahn, als vielmehr der damit verbundene Urmythos vom unbegrenzten Reichtum. Gold zu machen, also
Wertloses in Wertvolles umwandeln zu können, heißt ja,
über die Natur so zu verfügen, daß letzten Endes jeder reich
werden kann. Ohne diesen Glauben an die Goldmacherei wäre unser modernes Geld wertlos, d. h. die Geldwirtschaft hat
damit den mythologischen Ausdruck ihres Erfolgsprinzips gefunden.

Nach wie vor wissen wir, was es mit dem Gold als Reich-
tumsquelle auf sich hat – denn wir sprechen vom Erdöl als
»schwarzem Gold« und meinen, man könne damit so reich
werden wie mit dem Edelmetall. Natürlich wäre das Gold
nichts mehr wert, wenn wir alle es in unbegrenzten Mengen
besäßen – dieser Gedanke muß auch einigen der Alchemisten
in ihren Hexenküchen gekommen sein. Wozu sich weiter mit
der so schwer zu entdeckenden Prima Materia herumplagen,
wenn es einfach nur um das Prinzip geht? Man brauchte einen
Stoff, der sich unbegrenzt billig herstellen ließ und ebenso
unbegrenzt in alles verwandeln ließ. Mit einem solchen Stoff
ließen sich die Finanzprobleme des gastfreundlichen Fürsten
langfristig lösen. Es war nur eine Frage der Zeit, bis jemand
endlich auf die Idee kommen mußte, daß der Reichtum sich
aus allem schöpfen ließ, wenn ihm nur von irgend jemandem
ausreichend garantierter Wert gegeben wurde. Kleine billige
Zettelchen mit einem Aufdruck der frisch erfundenen
Druckerpressen erwiesen sich als die praktischste Lösung. Sie

130

waren bequem zu transportieren und konnten, weil Urkunde des Fürsten, wie die Prima Materia alles umwandeln: Getreide in Gold, Gold in Brot, Grundbesitz in Seide und Seide in Leinwand – sauber und ohne brodelnde Hexenküche. Kein Wunder, daß die noch immer an ihren Tiegeln köchelnden Goldmacher alter Schule bald arbeitslos wurden, zumal ihnen der durchschlagende Erfolg versagt blieb.

Von der Alchemie bekam das Geld jedoch etwas mit auf den Weg: Es blieb ein magischer Stoff. Bis heute haftet ihm der Zauber der Goldmacher an. Wenn wir es an die richtige Stelle legen, vermehrt es sich von selbst. Wir nennen diesen Zauber Verzinsung. Er hat den merkwürdigen Effekt, daß aus viel Geld immer noch viel mehr Geld entsteht. Andererseits herrscht ein Mangel an Geld bei vielen einzelnen Menschen, die deshalb gezwungen sind, es sich zu leihen und anderen die Zinsen zu zahlen. Auch hier ist ein magisches Muster am Werke: Wer anfängt, anderen Zinsen zu zahlen, muß bald immer mehr bezahlen, denn er verliert immer mehr Geld, bis schließlich der Punkt erreicht ist, an dem er sich schon deshalb Geld leihen muß, um die Zinsen zurückzuzahlen. So gerät er in tiefste Sklaverei und wird für immer an den gebunden, der ihm Geld leiht – besser könnte keine Magie ihr Opfer unterwerfen. Dieser Mythos des Geldes hat die Menschen in verschiedene Gattungen eingeteilt: Sparer, Schuldner und Millionäre. Das Geld ist dabei zu einem allgegenwärtigen Zaubermittel geworden, mit dem die Menschen sich von einer in die andere Spezies verwandeln ließen. Nur der richtige Umgang mit diesem Zaubermittel scheint nach wie vor eine Geheimlehre zu sein, denn die Umwandlung gelingt nur in seltenen Ausnahmefällen. Den drei verschiedenen Gattungen des Geldmenschen liegt ein unterschiedliches

mythisches Muster zugrunde, und wie in anderen Lebensbereichen auch, kann man dieses Muster nicht leicht ab-
schütteln.

Nicht mit eurer Hände Arbeit...

Als Sparer führen wir ein eigenartiges Leben: Einerseits wollen wir unser Geld gut aufgehoben wissen mit dem Hinter-
gedanken, daß es auf der Bank nicht nur vor Diebstahl sicher
ist, sondern sich auch noch in wundersamer Alchemie vermehrt, ohne daß wir etwas dafür tun müßten. Andererseits
quälen wir uns mit festverzinslichen Wertpapieren, Kommu-
nalobligationen, Aktien, Anleihen, Renditen und Dividen-
den, ohne daß wir uns darunter eigentlich etwas Verständliches oder Begreifbares vorstellen können. Es verhält sich
wie mit den »mehrfach ungesättigten Fettsäuren«: Alle wissen, daß sie für die Ernährung gut sein sollen, aber keiner
kann genau sagen, worum es sich dabei handelt. Das Giro-
konto oder das Sparbuch begreifen wir gerade noch. Aber
wenn uns der Anlageberater der Bank fachmännisch von
»Deka-Genüssen und Rentenfonds oder von der 8,75%-An-
leihe der Ungarischen Nationalbank auf DM-Basis mit der
WKN 411 450« vorschwärmt, übersteigt das unser Fassungs-
vermögen. Der Wirtschaftsteil der Zeitung ist für die Mehrheit der Bevölkerung ebenfalls schwer verständlich. Die
Finanzwelt ist dem Laien sowenig zugänglich wie die Quan-
tenphysik oder eine esoterische Geheimlehre.
    Was aber sollen wir tun, wenn wir das Geld nicht zu Hau-
se verstecken und riskieren wollen, daß die Mäuse es fressen?

Wir wissen, die Bank ist dazu da, unser sauer Verdientes zu vermehren. Angesichts selbst kleinster Zinsgewinne verzichten wir deshalb gerne darauf, uns daran zu erinnern, daß auch die Bank am Umgang mit unserem Geld verdient. Und da das Finanzwesen so kompliziert geworden ist, finden wir uns damit ab, daß wir es eben nicht durchschauen. Wir gehen eine Art stille Komplizenschaft mit der Bank ein. Wenn sie unseren Reichtum ohne unser Zutun vermehrt, wollen wir lieber gar nicht genau wissen, wie dieser Trick im einzelnen funktioniert. Der Respekt vor dem Mythos Bank und ihrer Macht sitzt inzwischen so tief, daß die Kunden hier eine Art Beamtentum voraussetzen: Die Bank hat immer recht und lügt nie. Dabei müßte eine simple Rechnung auch dem Arglosesten klarmachen, daß die Bank so wohltätig nicht sein kann. Eine Bank verdient schließlich mehr an ihren Kunden, als die Kunden an der Bank – anderenfalls wäre die Bank pleite.

Bei allen Transaktionen, die von der Bank für uns ausgeführt werden, sind es letztlich nur Zahlen, die hin- und hergeschoben werden. Wir müssen den Banken also vertrauen, genauso wie wir den auf dem Geldschein aufgedruckten Werten vertrauen müssen. Ohne dieses Vertrauen ist unser Geld nichts mehr wert – und mit dem Versprechen der zauberischen Vermehrung ist es ebenfalls vorbei. Wie beim Alchemisten in seiner mittelalterlichen Hexenküche weiß man nicht so ganz sicher, ob wirklich goldener Reichtum entsteht – Irrtum nicht ausgeschlossen, aber die Hoffnung ist uns unser Vertrauen wert.

Hinter dieser »sparsamen« Einstellung verbirgt sich eine Lebenshaltung falscher Bescheidenheit – ein Muster, von dem die Mehrheit aller Bürger der Industrienationen noch immer geprägt sein dürfte. Richtig reich wollen wir nämlich eigentlich gar nicht werden – wir wollen nicht das wirkliche magische Wissen um die Geheimnisse der Finanzwelt mit ihren Schrecken und Abgründen. Statt dessen vertrauen wir unsere bescheidenen magischen Mittel, unser Geld, lieber anderen an, von denen wir hoffen, daß sie es uns ordentlich verzinsen und vermehren. So freuen wir uns über die schlechtesten Anlagetips, wenn sie nur ein Minimum an Gewinn und Sicherheit versprechen, während andere mit unserem Geld inzwischen reich werden. Bescheidenheit, so haben wir gelernt, ist eine Zier.

Der Widerspruch, reich sein zu wollen, ohne etwas dafür zu unternehmen, macht uns für den Mythos der Banken anfällig: Anstelle unserer selbst sollen sie nicht nur für das nötige Zubrot, sondern vor allem für eine rosige Zukunft sorgen. Die Geldinstitute leben von diesem bescheidenen Anspruch des Sparers ausgezeichnet. Vom Dauerauftrags- bis zum Bonussparen, von kapitalertragsteuerfreien Anlagen bis zur Spekulation mit Währungsgewinnen – nichts, was die Herren in den Nadelstreifen-Rüstungen uns in ihrer selbstlosen Kreativität nicht anbieten würden, um uns ein wenig reicher zu machen. Und wenn wir besonders mutig werden, können wir sogar in Risikogeschäfte wie Aktienoptionen einsteigen, um das Ersparte schnell wieder loszuwerden – beraten und kostenaufwendig betreut von den Bankmagiern selbstverständlich. Was bleibt dem Sparwilligen in der mythologischen Falle der Banken auch anderes übrig, als sich an Erich Kästner zu halten, der dichtete: »Uns erfreut das bloße Sparen / Geld persönlich macht nicht froh / Regelmäßig nach paar Jahren / Klaut ihr's uns ja sowieso.« Das Sparen um des Sparens willen ist auch deshalb so verbreitet, weil wir uns als Spezies der Sparer durch Furcht vor Gewinnen (im doppelten Sinne) auszeichnen. Die Bank, die uns Zinsen auf unsere Guthaben gibt, ist für uns der Vater, der uns mit ein bißchen Taschengeld die Erfüllung kleinerer und größerer Wünsche gewährleistet, ohne daß wir selbst Verantwortung für das Geld übernehmen müssen. Seine Gabe schenkt uns eine Freiheit, die in dem Moment aufgehoben ist, in dem die Großzügigkeit wieder eingestellt wird. Und da dies zu jeder Zeit der Fall sein kann — denn niemand kann sich auf dauernde Zahlungsfähigkeit berufen —, bleiben wir lieber bescheiden und lassen andere das »große Geld« machen. Schließlich wissen wir aus den Geschichten, die wir so lieben, daß der schnöde Mammon letzten Endes nur Unglück bringt.

Im Schuldenturm zum »großen Geld«

Das verlockende Angebot der Geldinstitute beschränkt sich keineswegs darauf, mit unserem Ersparten zu arbeiten. Sie bieten uns auch großzügig *ihre* »Zaubermittel« zur eigenen Verwendung an, mit dem kleinen Haken, daß sie mehr zurückhaben wollen, als sie uns gegeben haben. Dieser unschöne Zug der Geldverleiher brachte ihnen bis zum Beginn der Neuzeit einen üblen Ruf ein — sie gehörten zu den verachteten Ständen, wie Kuppler, Diebe und anderes Gesindel. Wer jemandem nicht aus persönlicher Hilfsbereitschaft, sondern aus Gewinnstreben etwas verlieh, bereicherte sich an der Not eines anderen. »Kein guter Charakter«, befanden die braven Christen des Mittelalters und überließen dieses unchristliche Gewerbe lieber den Juden, denen man »anständige« Arbeit fast zur Gänze untersagte. Diese Einstellung machte einige jüdische Familien zu den reichsten Bankiers der Welt und brachte ihnen den Haß ihrer Schuldner ein, die den »Blutsaugern« ihr »Judentum« vorwarfen. Statt sich zu überlegen, woher die Gier nach immer neuen Schulden rührte, polemisierte man lieber mit grausamen Folgen gegen die »jüdische Weltverschwörung« — nach dem bewährten Muster, daß man den anderen immer alles Böse zutraut, wenn man ihnen Geld schuldet.

Läßt man die einfältigeren Marxisten mit ihrer Idee des »verschwörerischen Großkapitals« beiseite — denn dieser Mythos scheint im Augenblick stark an Popularität verloren zu haben —, befinden sich die Banken bei den Schuldnern in der Lage von Hexenmeistern, die ihre Geister nicht mehr loswerden. Jemand leiht sich Geld. Er zahlt einen Teil des Geldes und einen Teil der Zinsen zurück, dann will er mehr Geld geliehen haben. Hat er bisher brav zurückgezahlt, ist es schwer, ihm den Kredit zu verweigern. Steckt er aber in Zahlungsschwierigkeiten, ist der neue Kredit oft die einzige wirtschaftliche Überlebensmöglichkeit. Wird die Bank sie ihm verweigern, wird der Schuldner sich über die »Kreditwürger« beschweren, die seine Existenz ruinieren. Gibt sie ihm weniger Geld, wird man ihr vorwerfen, sie habe die Lage ausgenutzt, um noch mehr an der Verschuldung verdienen zu können. Es hilft alles nichts — wenn wir uns mit den Schuldnern befassen wollen, müssen wir uns zunächst vom mythischen Muster der »blutsaugerischen Banken« lösen. Denn anders als beim Umgang mit unseren angelegten Geldern, mit denen wir die Banken ständig reicher machen, ohne sie ausreichend zu kontrollieren, sind bei der Schuldenmacherei die Schuldner selbst die Entscheidungsträger. Von dramatischen Ausnahmefällen abgesehen, ist in unserer Industriegesellschaft niemand gezwungen, Schulden zu machen – es ist nur so verlockend einfach. Nicht nur die Banken bieten großzügig ihre Hilfe an – für fast jedes größere Konsumgut gibt es sogar schon beim Verkäufer den passenden Konsumentenkredit. Etwas schwerer hat es, wer Geld für wirtschaftliche Investitionen braucht. Aber auch er wird in der Regel seinen Kredit finden, wenn er die Chance auf zukünftige Erträge mit angemessenen gegenwärtigen Sicherheiten verbinden kann.

Warum aber läßt man sich ständig als Schuldner auf ein so schlechtes Geschäft ein, bei dem man mit hohem Risiko in eine dauerhafte Abhängigkeit gerät? Auch hier wirkt ein Mythos – der Zauber des »großen Geldes«. Schulden machen heißt ja, daß wir mehr Geld ausgeben wollen, als wir einnehmen – also nichts anderes, als uns Machtmittel auszuborgen, über die wir selbst nicht verfügen. Dafür müssen wir einen Preis bezahlen, nämlich uns in die Abhängigkeit des Zauberers begeben. »Nichts ist umsonst« – dieses Muster kennen wir. Wenn wir uns also auf einen so schlechten Handel einlassen, dann müssen wir einen Trost haben, eine besondere Hoffnung, wie wir dieser Sklaverei doch irgendwann entrinnen können. Die Karotte, der wir dabei nachlaufen, nennen wir das »große Geld«.

Erst einmal wollen wir über dieses gewaltige Zaubermittel »großes Geld« verfügen, dann damit reich werden und mit diesem neuen Reichtum auch noch den Preis bezahlen, den uns die Zinsen abverlangen: Es ist die Geschichte von dem Versinkenden, der sich »am eigenen Schopf aus dem Sumpf ziehen will«. Natürlich ist nicht grundsätzlich auszuschließen, daß wir den Konsum auf »großem Fuß« irgendwann auch wirklich aus unserem Einkommen abbezahlt haben. Natürlich kann das geborgte Geld durchaus in eine

Investition fließen, die uns so viel Gewinn bringt, daß es für Zinsen, Tilgung und noch etwas mehr reicht.

Nur werden wir das Spiel dann nicht gleich wieder von vorne beginnen? Beherrschen wir das Zaubermittel Geld wirklich so perfekt, daß wir uns sicher sein können, der Schuldsklaverei zu entgehen? Und wenn wir es so perfekt beherrschen, warum brauchen wir dann überhaupt geliehenes Geld? Fragen, die sich der Kreditnehmer selten stellen dürfte. Erstens, sagt er sich, leben doch alle auf Kredit. Hier sitzt er dem Mythos der Bauernfängerei aller Jahrhunderte auf. Millionen Fliegen können nicht irren . . . also muß es irgendwie klappen. Und zweitens rechnet er damit, auch einmal den großen Treffer zu landen – denn irgendwann muß er ja einmal mehr einnehmen als er ausgibt.

Dieser Wahn vom »großen Geld«, an das jeder irgendwie rankommen kann, wenn er es nur richtig anstellt, ist der Traum der Goldmacher in allerlei neuen Gewändern. Es ist die Vorstellung der totalen Machbarkeit – jeder ist seines Glückes Schmied, meint der Volksmund, und bezieht sich dabei direkt auf die Schmiedekunst als Vorläuferin der Alchemie. Es gilt aber auch: Jeder kann sich selbst sein Unglück schmieden. Unsere Gesellschaft des Konsums lebt vom Kredit – eine Tatsache, die uns in ihrer Selbstverständlichkeit kaum noch weiter berührt. »Kredit« bedeutet aber, einen Wechsel auf die Zukunft auszustellen. Wir haben kollektiv bereits mehr ausgegeben, als wir einnehmen, wahrscheinlich sogar mehr als dieser ganze Planet jemals wieder erwirtschaften kann. Diese bittere Erkenntnis schmeckt uns nicht. Sollte sich am Ende doch kein Gold machen lassen? Lieber machen wir weiter Schulden und bleiben damit in der guten Gesellschaft aller vom Fortschrittsmythos Abhängigen dieses

Planeten, ob es nun Einzelpersonen, Unternehmen oder Staaten sind. Denn wenn wir aus dem Schuldenmachen aussteigen wollten, müßten wir über den Preis nachdenken, der noch zu bezahlen ist, bevor die Schuld wirklich getilgt ist. Und Schuldner sind Menschen, die hoffen, den »Preis« niemals bezahlen zu müssen.

Die Reichen sind doch anders...

Geld allein macht nicht glücklich, hören wir oft genug, aber vielleicht sind die Reichen doch besser dran als der Rest der Welt? Wer ist überhaupt reich? Jemand, der viel Geld besitzt, ist sicher reicher, als jemand, der gar keins hat. Aber in der Relativität liegt ein besonderes Geheimnis. Der Dollarmillionär in Los Angeles kommt sich heute arm vor, denn er hat ja nur »eine« Million. Gegenüber dem Asylbewerber aus Ghana ist jedoch auch der Sozialhilfeempfänger aus Frankfurt ein »Reicher«. Und für 80 Prozent der Weltbevölkerung sind die Einwohner der Industrieländer ohnedies alle »reich«. Reich und arm entstehen also in erster Linie aus dem Vergleich – wer mehr hat als ich, ist reich, wer weniger hat, arm. Ich weiß zwar genau, daß ich nicht der Reichste bin, habe aber auch die feste Überzeugung, daß es genug Ärmere als mich gibt.

Lassen wir deshalb die Relativität von Armut und Reichtum einmal beiseite und versuchen zu ergründen, was den Mythos des Millionärs, des Superreichen begründet. In den neunziger Jahren muß einer allerdings schon mehr als eine Million vorweisen können, um zu dieser exklusiven Kaste zu gehören. Irgendwo zwischen einem Anlagekapital von 50 und 100 Millionen kommt man über eine Grenze, bei der man nur noch durch kriminelle Machenschaften um ein ständig von selbst weiterwachsendes Vermögen gebracht werden kann. 70 Millionen bringen selbst bei mündelsicherer Anlage ihre 5 bis 6 Millionen Zinsen im Jahr. Zieht man Steuern und Verwaltungskosten ab, bleibt immer noch mehr, als ein einzelner Mensch oder seine Familie konsumieren können – und teure Anschaffungen wie Kunst oder Schmuck sind ja bereits wieder Anlagen, die weiter die Millionen vermehren.

Diese Superreichen haben zumindest keine materiellen Sorgen mehr. Aus der Sicht »gewöhnlicher Sterblicher« bewegen sie sich in einer unerreichbaren Welt, in die den Medien hin und wieder ein Blick gewährt wird, die aber sonst so unerreichbar ist wie für den Papua-Stammesführer ein Platz im Aufsichtsrat von VW. Der Superreiche verfügt mit seinem Geld über das gewaltigste Machtmittel, das unsere Zivilisation zu bieten hat. Und der Respekt, der ihm begegnet, hat nur noch wenig mit dem Reichtum selbst, sondern mit dessen Macht zu tun. Der Superreiche ist sozusagen »zu allem fähig«. Er hat die höchste Machtstufe erreicht, die es im magischen Geldspiel von Kultur und Wirtschaft des Planeten zu erklimmen gibt. Seine Zaubermittel sind tatsächlich so mächtig, daß er sich mit ihnen das uralte Versprechen der Goldmacher einlösen kann: Sein Reichtum und damit seine Macht vermehren sich von selbst.

Diese Position theoretisch jedem anbieten zu können, ist eine einzigartige Verlockung unserer Zivilisation. Sie beherrscht das Denken der westlich orientierten Industriegesellschaften seit Jahrhunderten und ist ihr wesentlicher Antrieb. Manche dieser Gesellschaften wie die amerikanische sind regelrecht besessen vom Streben nach einer solchen Position.

Aber wenn der Superreichtum auch in den Hoffnungen der Energischsten und Wagemutigsten dieser Zivilisationen die treibende Kraft ist, so bleibt er nur für wenige verfügbar. Die göttliche Unabhängigkeit und Macht der Reichen wird uns deshalb von der Werbung als zum Konsum anspornender Lebensstil verkauft – ein Leben im »Als-ob«. Wir haben natürlich nicht den Reichtum, aber wir benehmen uns in Teilbereichen unseres Lebens dementsprechend. Mit der Kreditkarte in der Tasche eilen Millionen von wohlhabenden Pseudo-Superreichen durch die Welt und spielen auf unterschiedlichen Einkommensstufen ein endloses Spiel von der unbegrenzten Machbarkeit des persönlichen Erfolges: »Alles ist möglich – jeder kann es schaffen.«

In einem irdischen Paradies mit fast unbegrenzter Macht leben zu können – welche Kultur hat ihren Mitgliedern in früheren Zeiten solche Lebenschancen angeboten? Geld, das allgegenwärtige Machtmittel, kann schließlich bei uns von jedem erworben werden. Niemandem ist es seiner Herkunft, seines Glaubens oder seiner Rasse wegen verboten, »Geld zu machen«. War Macht im Mittelalter durch den Stand auf den Adel begrenzt, steht sie heute in der »Volksherrschaft« jedem zu. Nur wenige können sie zwar wirklich zu fassen bekommen, aber die große Mehrheit kann von ihr realistisch träumen.

Und wenn wir aus diesem Traum irgendwann erwachen, dann trösten wir uns damit, daß Geld eben doch nicht alles ist. Die Reichen und die Superreichen sind doch nicht allmächtig, wie wir uns – gierig auf ihr Unglück – von der Sensationspresse bestätigen lassen. Was wir auf unserer Jagd nach der Prima Materia – der persönlichen Allmacht, alles in Gold verwandeln zu können – einsetzen, hängt von unserem Charakter ab. Manche würden jeden Preis dafür bezahlen, andere nur einen begrenzten. Keineswegs ist jeder große Reichtum kriminell erworben, und gerade unter den Superreichen finden sich auch solche, die durch ihr Geld keinen Schaden an Leib und Seele genommen haben. Aber der Mythos sitzt tief in uns, daß wir für die »göttliche Macht« einen Pakt mit dem Teufel eingehen müssen – schon bei den mittelalterlichen Goldmachern wußte das Volk, mit wem sie im Bunde standen. Wenn wir in die Falle des mythischen Musters gehen und glauben, nur durch einen Verrat an unserer Seele kämen wir ans Geld, sind wir schon verloren. Dieser Falle entgehen wir nur, wenn wir auf den Pakt gegen unser Selbst verzichten und uns sicher sind, eben nicht jeden Preis zu bezahlen. Das Problem unserer alchemistischen Kultur ist nicht, daß Superreiche über gewaltige Mittel verfügen: Unser Problem ist, daß zu viele dieser Mächtigen und der Ohnmächtigen, die ihnen nacheifern, überzeugt sind, diesen Reichtum nur durch den Verzicht auf Menschlichkeit erreichen und bewahren zu können.

Die Krösus-Liste

Die Superreichen sind eine Machtelite, und sie sind dem alten Adel, aus dem sie teilweise hervorgegangen sind und den sie abgelöst haben, viel ähnlicher als jeder anderen Bevölkerungsgruppe. Sie führen ein abgeschlossenes Leben, heiraten meist untereinander und bestimmen den Kurs der Gesellschaften, in denen ihr Reichtum arbeitet.

Wie beim Adel gibt es nur drei Möglichkeiten, zu dieser Elite zu gehören:

— durch Erbschaft, also von Geburt
— durch Einheirat
— durch Verdienst, also indem man sich selbst adelt.

Bei der Erbschaft eines großen Vermögens kann man es zwar im Laufe seines Lebens verlieren, aber man bleibt einer von ihnen, wenn man zum Beispiel durch Heirat sich wieder in den Besitz der »Zaubermittel« bringen kann. Mit Einheirat ist nur selten das Aschenputtel-Muster gemeint. Meist geht es um begabte (manchmal auch weniger begabte) Schwiegersöhne, die sich durch die Einheirat in den Dienst des Familienvermögens stellen. Zwar muß bei einer solchen Einheirat nicht schon ein Millionenvermögen mitgebracht werden, aber als Mann von der Straße heiratet man auch kein Fräulein Quandt.

Bleibt für den Traum vom eigenen Weg zum mythischen Superreichtum nur, das Geld selbst zu verdienen. Unmöglich ist das nicht, wie ein Blick auf die Erfolgsliste der nächsten Seite zeigt. Es sind sogar einige dabei, die tatsächlich mit nichts in der Tasche angefangen haben. Aber dem typisch amerikanischen Mythos vom »Tellerwäscher, der es zum Millionär gebracht hat« stehen die Millionen von Tellerwäschern gegenüber, die es nicht einmal zu einem eigenen Bankkonto bringen. Uns quält die Frage, warum es der eine schafft und die vielen anderen nicht? Dabei übersehen wir gern, daß diese Frage falsch gestellt ist. Wollen wir nicht eigentlich wissen, ob wir es auch schaffen könnten? Denn daß der Erfolg eines anderen eine unwiederholbare Kombination aus Zufall, individueller Begabung, sozialem Umfeld und historischen Chancen ist, stellt eine Wahrheit dar, mit der wir für

1. Vom Tellerwäscher zum Millionär

Randolph Hearst	Robert Maxwell	Rupert Murdoch
Max Grundig	Henry Ford	Howard Hughes
Kostolani	H. J. Abs	A. Onassis
Leo Kirch	Reinhard Mohn	S. Berlusconi
Walt Disney	Coco Chanel	B. Cartland

2. Den Prinzen oder die Prinzessin geheiratet

Gloria von Thurn	Eliette v. Karajan	Frederick,
und Taxis	Gisela Getty	Prinz von
Jackie Onassis	Philippe Junot	Anhalt
Ivana Trump	Silvia von	
Maya Flick	Schweden	

3. Die glücklichen (oder weniger glücklichen) Erben

John Paul Getty III.	P. Reemtsma	Hubert Burda
A. v. Bohlen und	Rockefellers	Rothschilds
Halbach	Siemens	Quandts
Sultan v. Brunei	F. Flick jr.	Thyssens

Superreiche und wie sie es wurden

unsere eigene Zukunft wenig anfangen können. Vielleicht sollten wir uns besser fragen, ob wir dieses Geld überhaupt für unser Leben brauchen. Wenn wir da sicher sind, dann liegt es an uns selbst zu entscheiden, welchen Preis wir bezahlen wollen – denn Geld ist doch mehr oder weniger wert als das, was die Banken als Zahlungsversprechen darauf drucken lassen. Wenn wir uns die Superreichen der Aufsteigerliste ansehen, dann finden wir darunter nur solche, die mit Geld etwas anzufangen wußten. Haben wir selbst davon keine kreative Vorstellung, sollten wir es vielleicht doch lieber denen überlassen, die damit umgehen können.

Haben, als hätte man nicht

Viele meinen, Reichtum und Glück seien zwei unterschiedliche Größen, die sich nicht miteinander vertrügen. Ob es der Fluch der Gettys, der Grimaldis, der Kennedys oder der Rockefellers ist – immer scheint Reichtum einem wirklich erfüllten Leben im Weg zu stehen. Umgekehrt wird aber auch niemand, der finanziell auf schwachen Beinen steht, behaupten, daß er deshalb besonders glücklich sei. Auf der einen Seite finden wir also den Neid der Nichtwohlhabenden, der kundtut, daß »Geld allein auch nicht glücklich macht«, auf der anderen Seite taucht dagegen die Erkenntnis auf, daß ein Leben ohne Geld keineswegs befriedigend ist. Dieser eigenartige Widerspruch führt zu verwegenen Vorstellungen, nach denen wir uns ein »natürliches« Leben frei von allen finanziellen Zwängen auf einem Südsee-Atoll vorstellen – dort, wo es keinen Gerichtsvollzieher gibt, keinen Bankauszug, keinen Steuerinspektor, und man von Kokosnüssen und Liebe lebt. Wer dieser Vorstellung nachhängt, sein Erspartes zusammenkratzt und den Weg in den Südpazifik wagt, wird einige Zeit später um die Erfahrung reicher, daß Geldlosigkeit nicht glücklich macht, sein Heimatland wieder mit Freuden betreten und dem Bewußtsein, wie wohltuend doch eine Kreditkarte ist.

»Armut ist keine Schande«, lautet ein altes Sprichwort, das in seiner romantisierenden Art leider stets nur zur Hälfte zitiert wird; denn es heißt weiter: »...aber ein leerer Sack steht nicht gut aufrecht.« Die Lösung des Problems hat der Apostel Paulus schon vor 2000 Jahren gefunden, als er für die Reichen forderte: »Habere, ut non habere« – Haben, als hätte man nicht. Zwar ist es nicht schlecht, wohlhabend zu sein bzw. für seinen Wohlstand zu sorgen, dennoch sollte man sich auf das, was man hat, nicht verlassen, sondern so leben, als hätte man es eben nicht. Anders gesagt, man soll nicht sein Leben nach dem Reichtum ausrichten, über den man verfügt, sondern mit dem Reichtum so umgehen, wie es für die persönlichen Lebensbedürfnisse ausreichend ist. Sicher verheißt der Wohlstand eine gewisse Lebenssicherheit, aber es scheint sinnvoll, sich nicht von ihm abhängig zu machen und jederzeit zu wissen, daß man auch ohne ihn leben kann. Denn auch der Superreiche bleibt Sklave seines Geldes, statt Herr seines Reichtums zu sein, wenn er ohne dieses Geld nicht mehr leben kann. Unsere Existenz müssen wir auf uns selbst gründen, nicht auf die Verfügbarkeit bestimmter Machtmittel – das ist keine Frage der Bescheidenheit, sondern der Überlebensfähigkeit.

Wer materielle Unabhängigkeit anstrebt, sollte den Preis des Geldes genau im Auge behalten. Voltaire wies darauf bereits klarsichtig hin, als er meinte, wir opferten in der einen

Hälfte unseres Lebens die Gesundheit, um Geld zu erwerben, und in der anderen Geld, um die Gesundheit wiederzuerlangen. Eine der Fallen des Geldes ist eine Verführung zur Werteverwechslung. Das Wort »Geld« ist nicht nur mit »Gold« verwandt, sondern läßt sich auch vom althochdeutschen »gelt« ableiten, was soviel wie »Vergeltung«, »Vergütung« bedeutet. »Gelt« geht wiederum auf die germanische Wurzel »geldan« zurück, ein Wort, das für Opferhandlungen verwendet wurde. Man zahlte der Gottheit einen Tribut in Form von Tieren oder Menschen, um sie gnädig zu stimmen, und erwartete als Belohnung ein Geschenk aus der Götterwelt. Diese Art des frühen metaphysischen Tauschhandels, »ich gebe, damit du mir gibst«, hat sich im faustischen Pakt der Geldalchemie verwandelt zu einem »ich gebe, damit ich *mehr* von dir zurückerhalte«. An alles Geld, das durch unseren Besitz geht, ist diese Forderung geknüpft worden, und es trägt sie überall mit sich. Wenn wir den »Preis« des Geldes nicht zahlen wollen, müssen wir sicher sein, daß es unser Leben nicht bestimmen kann.

Vom richtigen Umgang mit Reichtum

»Wirklicher Reichtum mißt sich an der persönlichen Freiheit – der Freiheit, etwas zu tun oder zu lassen, zu denken oder nicht zu denken, zu sein oder nicht zu sein. Geld zu haben hilft einem, frei zu sein, aber auch nur dann, wenn die Mühe, es zu bekommen, nicht mehr kostet als das, was man dafür haben will.« Dieses Credo des amerikanischen Tycoons Malcolm Forbes, der in dem nach seiner Familie benannten Magazin den Gelderwerb im Kapitalismus feierte wie kaum ein anderer, offenbart den erfolgreichen Umgang eines Superreichen mit dem Geldmythos. Im Gegensatz zu anderen Millionärsfamilien der USA blicken die Forbeses nicht auf Tragödien und Skandale zurück. Sie gehören zu den wenigen, die den »american dream«, die Einheit von Reichtum, Geschäftserfolg und persönlichem Glück, verwirklichen konnten. Das liegt aber sicher nicht allein an den schottischen Wurzeln der Familie. Malcolm Forbes, der sich zeit seines Lebens um ein ausgewogenes Verhältnis von Körper, Geist und Seele kümmerte, stellte nicht nur den großen Unternehmer dar, sondern auch den idealistischen Privatmann, der sich um die Belange aller Gesellschaftskreise bemühte, sowie den Sportler, der seine Hobbys zur Völkerverständigung nutzte. Seine Heißluftballonflüge in Amerika, England, Frankreich, Ägypten, Pakistan, China und Thailand zählen zu den spektakulärsten Unternehmungen dieser Art, wie auch seine Motorradtouren durch alle Kontinente. Er verstand es, den Namen Forbes mit Aktionen zu verbinden, die unterschiedliche Gesellschaftssysteme und Wertauffassungen einander näherbrachten. Ansonsten lebte er eher bescheiden in einer häuslichen Idylle in New Jersey.

Niemandem, der sein Privatreich betrat, wurde die Vorstellung vermittelt, er würde es mit einem der reichsten Männer der Welt zu tun haben. Im Gegenteil: Malcolm Forbes präsentierte sich als jemand, der außer einer gewissen bequemen Gemütlichkeit keinen Luxuskomfort für sich reklamierte und ein offenes Ohr für die Belange und Probleme anderer hatte. Davon muß posthum selbst Michail Gorbatschow etwas mitbekommen haben, als er nach einem Flug mit der Forbes-Privatboeing erklärte, er fühle sich so wohl, daß er am liebsten Mitarbeiter des Forbes-Magazins würde. Um das mythologische Schicksal vieler Superreicher machte Malcolm Forbes einen weiten Bogen: Wie kaum ein anderer durchschaute er die alchemistischen Grundlagen des Geldwesens. Zwar war der Reichtum Basis für den Welterfolg seines Magazins, doch er betrachtete ihn stets so, als existiere er nicht. In diesem Sinne lebte er das Pauluswort vom »Haben, als hätte man nicht«. Alle Forbes-Anwesen zeugen von einer Einstellung, die lebendige Familientradition über jeden Luxus oder abstrakten Geldwert setzt, auch wenn Forbes Luxus an der richtigen Stelle durchaus zu schätzen wußte. In New Jersey, Marokko, Schottland, Frankreich, England oder Colorado – alle Besitztümer strahlen eher eine ruhige bürgerliche Bescheidenheit aus, als daß sie stolz vom Reichtum ihres Besitzers kündeten.

Forbes handelte nach seinem Motto »Etwas zu tun ist viel besser, als etwas zu sein«, stolperte nicht in die Falle des Erfolgs und ließ sich nirgendwo als *der* Malcolm Forbes feiern. Auch nicht auf der Fidschi-Insel Laucala, die er 1972 für eine Million Dollar erwarb. Den 350 Bewohnern des »Inseltraumes« errichtete er neue Häuser, stiftete eine Schule, legte Straßen an und baute eine neue Infrastruktur. Da Forbes stets auch ein geselliger Mensch war, errichtete er dort kein Millionärsrefugium, sondern schuf eine Gelegenheit für Normalbürger, sein Paradies mit ihm zu teilen. Maximal 20 »paying guests« sind auf Laucala willkommen. In den Cottages am Strand findet sich kein Luxus, sondern stilvolle Bescheidenheit. Der wahre Reichtum ist anderer Natur: frische Kokosnüsse zum Frühstück beispielsweise. Laucala ist die letzte Ruhestätte des eigenwilligen Mythenbrechers.

»While alive he lived«, steht auf seinem schlichten Grab-
stein: »Solange er lebte, war er lebendig.« Prägnanter kann
man sein Konzept für den Umgang mit Reichtum, von dem
er in der Tat etwas verstand, nicht beschreiben.

Mythos Gerechtigkeit:
Immer die Kleinen…

Mit der Gerechtigkeit verbindet sich der Urmythos, daß es sie eigentlich gar nicht gibt – zumindest nicht auf dieser Welt. Deshalb sieht die Bibel ja auch am Ende aller Tage das Jüngste Gericht vor, bei dem offenbar die bisherige mangelhafte Rechtsprechung in der Schöpfung aufgearbeitet werden soll. Ob wir die Gerechtigkeit wirklich schon vor dem Jüngsten Tag haben wollen, dürfte zumindest bei einer großen Mehrheit der Weltbevölkerung zweifelhaft sein. Wollen wir wirklich in allem, was wir tun, immer gerecht beurteilt werden, um den Preis, daß die von uns selbst begangenen kleinen und großen Ungerechtigkeiten ständig auf uns zurückfallen? Nicht umsonst sprechen wir bei jemandem, der die Gerechtigkeit über alles stellt, von einem Gerechtigkeitsfanatiker – und Fanatikern gilt nicht unsere uneingeschränkte Sympathie. Überhaupt hat sich beim Kampf um die Gerechtigkeit, den sich ja praktisch alle Revolutionäre der Weltgeschichte auf die Fahnen schrieben, das begangene Unrecht erheblich schneller gesteigert, als die angestrebte Gerechtigkeit es ausbalancieren konnte.

Unsere negative Erfahrung mit der Gerechtigkeit fängt schon beim biblischen Paradiesmythos an. Adam wird rausgeworfen, weil er sich von Eva zum Biß in den Apfel der Er-

151

kenntnis verführen läßt. Ungerechterweise hat der Schöpfer diesen Baum aber vor Adams Nase gepflanzt und ihn geradezu darauf gestoßen, Appetit auf den Apfel zu bekommen. Womit wir gleich beim fundamentalen Kern des Gerechtigkeitsmythos angelangt sind: Wir selbst haben die Freiheit, Ungerechtigkeit zu begehen, erwarten aber in unserem Unrecht, von einer höheren Instanz gerecht behandelt zu werden. Und von diesem Verlangen nach einer höheren Gerechtigkeit wollen wir nicht ablassen, denn mit dem Unrecht allein können wir auch nicht leben.

Einerseits verlangen wir Gerechtigkeit und versprechen uns in der Gesellschaft gegenseitigen Schutz vor Ungerechtigkeit, richten dafür ein Justizsystem ein und vertrauen uns dessen Rechtsprechung an, andererseits wirkt in uns das Grundmuster der Ungerechtigkeitserfahrung, von dem wir ständig ableiten, daß es in dieser Welt keine Gerechtigkeit geben kann. Ungerechtigkeit finden wir überall, wo wir hinsehen. Zumal wir alle meinen, beurteilen zu können, was gerecht ist. Jedenfalls geht nicht nur das amerikanische Geschworenensystem, sondern das Gesetzbuch jeder Demokratie davon aus, daß Recht jedem Bürger, für den es gilt, einsichtig sein muß. Andererseits wissen wir aus der eigenen Geschichte, wie es mit dem Recht ausgehen kann, wenn es sich ganz und gar auf das »gesunde Volksempfinden« beruft. Dieses »gesunde Volksempfinden« wird bei fast jedem größeren Rechtsfall beschworen, der vor die Öffentlichkeit kommt. Darf eine Mutter den Mörder ihrer Tochter erschießen wie im Fall Bachmaier? Darf ein Politiker der Öffentlichkeit bestimmte Erkenntnisse verschweigen, wie es Herr Engholm tat? Immer dürfen wir als »gesundes Volksempfinden« mit-richten. Jedenfalls wird das von den Medien ausführlich thematisiert, denn sie beurteilen im Namen ihrer Rezipienten, wie die Gerechtigkeit denn nun auszusehen habe. Bevor wir wieder in irgendwelchen mythischen Fallen landen, wollen wir deshalb vorsichtshalber untersuchen, ob das Volksempfinden denn immer »gesund« ist.

Die Kleinen henkt man, die Großen läßt man laufen

Zwei Männer, unabhängig voneinander desselben Verbrechens angeklagt: Vergewaltigung. Zwei Männer stehen vor Gericht: Der eine wird zu sechs Jahren Gefängnis verurteilt, der andere freigesprochen. Der eine, Mike, stammt aus ärmlichen Verhältnissen, ist schwarz und hat es bis zum Boxweltmeister gebracht. Der andere, George, stammt aus einem der mächtigsten Familienclans der USA, ist weiß und erfüllt im Gegensatz zu Mike nicht die Rolle des männlichen Helden, die während der gegenwärtigen Krise des Patriarchats immer problematischer wird. Bei einem Vergleich zwischen Mike Tyson und George Kennedy fällt auf, daß in der Gerichtssituation der schwarze Held dem weißen Nichthelden unterlegen ist. Es wäre aber zu einfach, hier nur einen Fall von Rassenjustiz zu sehen, bei der es einfach den Afroamerikaner erwischen mußte. Die amerikanische Öffentlichkeit war in diesem Fall viel zu sehr durch die Medien sensibilisiert und brachte für den jungen Kennedy sicher genauso wenig, wenn nicht noch weniger Sympathie auf wie für Tyson. Aber Tyson saß in der mythischen Falle des »starken Mannes, der über eine Frau stürzt«. Damit war sein Schicksal besiegelt. Auch die

Geschworenen konnten sich dem Muster nicht entziehen, die »Schwache« vor dem »Starken« schützen zu müssen – besonders wenn der Starke in diesem Fall die Kriterien eines Drachen so hervorragend erfüllte: brutal, körperlich nahezu unüberwindbar, dunkelhäutig und für einschlägige Untaten entsprechend bekannt. Ob es gerecht war, auf diese Weise das Leben eines ehemaligen Straßenjungen zu zerstören? Aber wie hätte ein Gericht wohl dem »Monster« Tyson gegenüber einer zierlichen kleinen Frau Gerechtigkeit widerfahren lassen können? Nicht umsonst sprechen wir von »Gerechtigkeitsempfinden«, was wohl heißen soll, daß die Auffassung von Gerechtigkeit eine sehr emotionale Angelegenheit ist. Auch ein »Nicht schuldig« für Tyson wäre mit Sicherheit als ungerecht empfunden worden.

Beim Kennedy-Fall gab es keinen »Helden« und kein »Monster«. Hier kam das Muster des reichen Jungen, der von einer Armen beschuldigt wird, zum Tragen. George erweckte keine besonderen Sympathien, aber auch keine Antipathien wie Tyson. Die Klägerin und der Beschuldigte hatten jeweils gute Argumente auf ihrer Seite. Während bei Tyson schon seine körperliche Präsenz wie ein physischer Angriff aufgefaßt werden konnte und seine Brutalität gegenüber Frauen mehrfach bezeugt war, wirkte der junge Kennedy nicht gerade wie der typische Frauenvergewaltiger. Aber er stammt aus einer der reichsten und mächtigsten Familien der USA. Wenn die Geschworenen ihn also laufenließen, setzten sie sich dem Vorwurf aus, sich vor Geld und Einfluß zu beugen. So blieb allein der Vorfall, bei dem eine junge Frau behauptete, von einem jungen Mann, mit dem sie sich gemeinsam betrunken und einen Abend lang gefeiert hatte, irgendwann nach Mitternacht vergewaltigt worden zu sein.

Hätte sie diese Beschuldigung auch erhoben, wenn der Mann nicht aus einer berühmten Familie stammte, sondern ein netter Kerl aus der Disco von nebenan gewesen wäre? Gerechtigkeit gilt ja auch für Leute aus reichem Haus, und ein Freispruch von Kennedy bedeutete keinen Freibrief für Vergewaltigungen durch Söhne reicher Familien, sondern entsprach einer Situation zwischen zwei betrunkenen jungen Leuten, bei denen nach der Ernüchterung wohl niemand mehr ganz sicher wissen konnte, wer nun was eigentlich gewollt oder nicht gewollt hatte. Aber dem »Gerechtigkeitsempfinden« entsprach der Freispruch nicht, denn dieses verlangt, dem Armen gegenüber dem Reichen recht zu geben, der »schwachen Frau« gegenüber dem »bösen Jungen aus reichem Haus«.

Bedeutsam werden die beiden Fälle auch deshalb, weil sie fast zeitgleich verhandelt wurden, so daß in der Öffentlichkeit ein Vergleich der Urteile unvermeidlich war. Auf der einen Seite erkannten die Medien den »verurteilten schwarzen Underdog«, für den sie Sympathie erst angesichts des Freispruchs von Kennedy entwickelten, auf der anderen Seite den »freigesprochenen weißen Sohn aus bestem Hause«. Und die Öffentlichkeit folgte diesem Muster bereitwillig, denn bei der Frage nach der Gerechtigkeit lassen wir uns immer von Vergleichen leiten. Wir empfinden es als ungerecht, wenn zwei nicht »gleich« verurteilt werden, auch wenn wir dabei immer Äpfel und Birnen vergleichen. Unser Gerechtigkeitsempfinden entzündet sich geradezu daran, vergleichen zu wollen, als sei uns dieser Vergleich wichtiger als die individuelle Frage, was für den einzelnen gerecht ist. Dabei liegt im Vergleichen selbst schon eine fundamentale Ungerechtigkeit – wir wollen die eine Tat, den einen Menschen, mit der Tat eines anderen entschuldigen oder verdammen. Das geschriebene Gesetz bemüht sich, gerade solche Vergleiche auszuschalten, denn es verlangt, daß alle Menschen vor dem Gericht »gleich« sind, während unser Gerechtigkeitsempfinden wohl eher davon ausgeht, daß alle Menschen vor dem Gericht »vergleichbar« sind. Vergleichen ist uns ein so unverzichtbares Muster, weil wir uns selbst ständig mit anderen vergleichen und mit solchen Vergleichen entschuldigen: »Alle hinterziehen Steuern, warum also nicht auch ich.« »Die Nachbarn streiten sich immer so laut, wir nicht.« Vergleichen ist die Methode, mit der wir uns lebenslang bestätigen wollen, daß wir richtig liegen. Unser Gerechtigkeitsempfinden degeneriert deshalb im Vergleichen zu einer Bestätigung dessen, was wir für uns *selbst* gerecht finden – zur »Selbstgerechtigkeit«.

Ob die Urteile für Tyson oder Kennedy gerecht waren, läßt sich für einen Außenstehenden mit Sicherheit nicht beurteilen, denn in beiden Fällen ging es um einen Vorgang ohne unmittelbare Zeugen, und nur die Beteiligten können wissen, was wirklich gerecht wäre. Aber die Selbstgerechtigkeit, die, wenn sie zur Tat schreitet, in Selbstjustiz endet, gibt uns allen das Gefühl, wir müßten solche Fälle beurteilen und uns eine Meinung dazu bilden. Es wäre interessant, einmal unserem Gerechtigkeitsempfinden nachzuspüren, wenn wir ihm laut und deutlich zu verstehen geben, daß uns in keinem dieser Fälle auch nur das geringste eigene Urteil zusteht – wird es »ungerecht« schreien?

Schicksal und BGB

»Das Schicksal ist – wie das BGB – von Menschen gemacht«, meinte der schon zitierte Otto Mainzer, ». . . und abänderlich.« Er zielte auf unsere Selbstverantwortung für Recht *und* Gerechtigkeit, die wir bei keiner höheren Instanz abgeben können. So schrieb auch der Wiener Gesellschaftskritiker und Dichter Hermann Bahr: »Ich fand bald heraus, daß es sich, um recht zu behalten, keineswegs darum handelte, im Recht zu sein. Sonderbar, eigentlich. Es wurden Entscheidungen erzählt, empörend für jedes Rechtsgefühl, aber, wie man im selben Atemzug versicherte, juristisch unanfechtbar.« So kann man im Streben nach Gerechtigkeit nichts anderes als die Legitimation von Gewalt sehen: Der Schwache will durch das Recht stark werden, der Mächtige seine Macht schützen – Recht heißt Rechtfertigung, und dabei geht es um das »recht behalten«, nicht so sehr um die Gerechtigkeit. Recht und Gerechtigkeit sind zwei getrennte Ausdrucksweisen des menschlichen Bemühens, miteinander auszukommen. Recht an sich ist ein kollektiver Begriff, dem zunächst für einen gewissen zeitlichen und geographischen Rahmen Gültigkeit zukommt, bei der Gerechtigkeit handelt es sich indes um individuelle Vorstellungen, die so verschieden sein können wie die Menschen, die sie hervorbringen. Im Hintergrund dieser Tatsache steht, daß die Vorstellung der Gerechtigkeit auf einer Paradoxie beruht: Der Einheit und Vielheit der moralischen Vorstellungen.

Die ethischen Vorstellungen, aus denen sich Recht und Gerechtigkeit ableiten, sind in allen Gesellschaften geschlossene Systeme, die sich nur aus sich selbst heraus verstehen lassen.

Was für einen Indianer oder einen Kastenhindu gerecht ist, kann für uns eine krasse Ungerechtigkeit sein und umgekehrt. Es gibt kein objektives Recht. Am Beispiel von konkreten Normen ist zudem der Wandel ethischer Prinzipien am deutlichsten ablesbar — denn konkrete Normen sind immer einer gesellschaftlichen Moral unterworfen, deren Einschätzungen sich verändern. So muß auch das BGB ständig überarbeitet werden, und der Kuppelei-Paragraph oder die Verfolgung der Homosexualität sind heute nicht mehr zeitgemäß und wurden entsprechend gestrichen.

Das Recht muß also allgemeingültige Antworten finden, mit denen sich in individuell durchaus unterschiedlichen Fällen vor der Allgemeinheit vertretbare Entscheidungen finden lassen. Dabei ist der Gesetzgeber im Idealfall eben jene Allgemeinheit mit ihrer Ethik. Die Moral des einzelnen aber ist sein eigenes geschlossenes System von Urteilen und Vorurteilen. Er entscheidet nach seinem eigenen Gerechtigkeitsgefühl, demgegenüber das Recht als Regulativ zu funktionieren hat. Deutlicher gesagt: Wenn alle das Recht als gerecht empfinden könnten, wäre es zwar ans Volksempfinden, aber eben nicht an eine darüberstehende Ethik gebunden. Die Vielfalt unterschiedlicher persönlicher Moralauffassungen verweist also nicht auf das willkürliche Aufstellen von Normen und Gesetzen, sondern auf die Einheit einer Ordnung, die ihren Sinn nicht außerhalb ihrer selbst in pervertierten wahllosen Regelungen trägt, sondern in der Unabhängigkeit selbst. Justitia ist nicht blind, sondern hat sich die Augen freiwillig verbunden. Denn wenn sie genau hinsehen würde, erginge es ihr wie Hermann Bahr, der über die Willkürlichkeit des Rechtsempfindens spottete: »Ich gewöhnte mir an, für jeden Grund automatisch auch gleich immer den Gegengrund bereit zu haben, und wenn ich eben noch als beredter Anwalt irgendeiner Meinung geglänzt hatte, mir gleich darauf zu beweisen, daß ich als ihr Gegner in der Aufdeckung ihrer Schwächen und Widerlegung meiner eben noch triumphierenden Beweise nicht weniger beherzt war. Man vergaß darüber ganz, mich zu mahnen, es könne vielleicht auch etwas über allen Beweisen Wahres geben, eine wirkliche Wahrheit.«

Begnadete Ganoven oder
Applaus für den schönen Konsul

Obwohl sie sich hart am Rande der Legalität bewegen, befriedigen sie die Grundbedürfnisse der Unterhaltungsindustrie und der Konsumenten: Konrad Kujau, Hans Hermann Weyer, genannt der schöne Konsul, oder Uri Geller, um nur einige zu nennen. An klassischen Vorbildern von Robin Hood bis zum Schinderhannes mangelt es nicht. Sie narren die Mächtigen und helfen gelegentlich den Bedürftigen, vor allem aber verlachen sie die Welt. Meisterfälscher Kujau schrieb sich nach seiner Verhaftung eigenhändig ein Entlassungsschreiben, deckte den Schwindel allerdings selbst auf. Noch während der Haft brachte er mit allerdings nur bescheidenem Erfolg eine Platte heraus, auf der er zur Melodie von »I was Kaiser Bills Batman« sang: »Ich war der Fälscher vom Führer.« Der Witz, dessen sich Gestalten wie Kujau bedienen, mag dem eines Odysseus nicht unähnlich sein. Die Verschmitztheit indes, mit der die begnadeten Ganoven ans Werk gehen, läßt nicht nur Frauenherzen höher schlagen. So sandte der schöne Konsul nach der Flucht in das damals von seinem Diktatorenfreund regierte Paraguay an die Münchner Richter eine Postkarte, die einige Exemplare seiner neu erworbenen Rinderherde zeigte: Jedes Tier trug einen Namen — den eines der Herren im dunklen Talar, die vergeblich versucht hatten, den Konsul hinter bayerische Gardinen zu verfrachten. Und zum Erstaunen europäischer Fernsehzuschauer verbiegt Uri Geller weiterhin Gabeln und Löffel und führt per Fernheilung kaputte Toaster wieder ihrer Bestimmung zu.

Wir lieben die Gentleman-Gauner aller Zeiten nicht nur wegen ihres Unterhaltungswertes, sondern weil wir nichts dagegen hätten, unsere kriminellen Energien so einzusetzen, daß wir davon profitieren, aber niemand ernsthaft Schaden nimmt. Dem Recht ein Schnippchen zu schlagen und dabei trotzdem recht zu behalten, macht uns Spaß. Denn wir wissen, solche Taten entlarven die Dummheit anderer und die Ohnmacht der Mächtigen — sie stellen sozusagen eine höhere Gerechtigkeit wieder her. Diese Gerechtigkeit ist eine, die endlich einmal auf der Seite des Witzigeren, des Klügeren und Sympathischeren ist, egal, was das Recht dazu sagt. Unsere Sympathie für den erfolgreichen Gesetzesbrecher, der wir nicht nur die Gentleman-Gauner, sondern auch die Faszination für all die phantastischen Bösewichte der Phantasie von den Piraten der Karibik bis zu Phantomas verdanken, hat ihren eigenen Mythos. Wir freuen uns, wenn wieder ein Mächtiger reingelegt wurde, denn wir selbst fühlen uns sicher, daß wir durch diese Täter nicht bedroht werden. Wir fühlen uns fast so, als arbeiteten sie im geheimen *für* uns. Wir zollen ihnen größten Respekt, auch wenn ihr Schwindel auffliegt, und hoffen auf eine Fortsetzung des cleveren Feuerwerks durch sie oder ihre Adepten. Wieder finden wir hier Geschichten, nach deren besonderem Zauber wir süchtig sind – diesmal gerade deshalb, weil wir sie für uns selbst in unserem Alltag eben nicht zu wiederholen wagen. Der sympathische Ganove im Krimi wird von unserer Hoffnung begleitet, daß ihn der Inspektor nicht erwischen möge, obwohl wir uns andererseits über den Ausgang des Filmes sicher sind, der uns unseren Realitätssinn bestätigt und beweist, daß sich Verbrechen nicht lohnt, weshalb wir selber ja auch lieber die Finger davon lassen.

Unsere begnadeten Ganoven tragen zwei Seelen in ihrer Brust, und das macht sie für unsere Phantasie so akzeptabel: Im Grunde wollen sie – wie wir selbst – nichts Böses. Aber sie vollbringen Dinge, zu denen wir als brave Gesetzesbefolger nicht in der Lage sind, und erfüllen sich die Erfolgsträume vom großen Geld, die auch wir träumen. Sie wagen, was *wir* gerne gewagt hätten. So wird durch die Identifikation mit ihnen unsere Alltagsrealität, die sie uns indirekt bestätigen, erträglicher und zum Fluchttraum unserer Hoffnung, auch einmal »Böses« zu vollbringen – ohne Konsequenzen für uns und unsere Umwelt selbstverständlich. Wir belassen es am Ende dann aber doch bei der Phantasievorstellung und der Bewunderung für den Schurken, der wir letztlich selbst gern wären. Unser Sinn für Gerechtigkeit schließt also den Respekt vor dem erfolgreich begangenen Unrecht mit ein.

Aufstand der Geier oder
Wie werden wir Prometheus los?

Der Prometheus-Mythos, der eine Art innerer Schöpfungsge-
schichte darstellt, spiegelt in seiner Tiefe die Forderung der
Aufklärung: Das Heraustreten des Menschen aus seiner Unmündigkeit, das Erwachen des Geistes, das Sichtbarmachen
der verborgenen Dinge. Denn Prometheus bringt den Menschen das Feuer der Erkenntnis zurück, das ihnen von Zeus
geraubt worden war. Irgendwo gab es da doch auch Ärger mit
einem Apfel der Erkenntnis – es scheint, daß die Götter den
Menschen die Erkenntnis nicht freiwillig überlassen wollten.
Liegt das vielleicht daran, daß sie ihre Macht verlieren, wenn
der Mensch sie klar erkennen kann? Prometheus' urterrori-
stischer Akt eines Verbrechens gegen die Götterhierarchie
prägte ein mythisches Muster, das wir bis heute im »Einer-ge-
gen-alle«-Wahn und der »Einer-für-alle«-Mentalität finden.
Ein moderner Prometheus ist z. B. Corrado Catani, der un-
erschrockene Kämpfer aus der Fernsehserie »Allein gegen
die Mafia« in seiner Auflehnung gegen den »Götter-«/Paten-
filz und seinem Versuch, die Machtstrukturen neu zu ordnen.
Goethe formulierte das prometheische Zwangsmuster so:

Hier sitze ich,
Forme Menschen
Nach meinem Bilde,
Ein Geschlecht, das mir gleich sei,
Zu leiden, zu weinen,
Zu genießen und sich zu freuen
Und dein nicht zu achten
Wie ich!

162

Natürlich erleidet Prometheus das Schicksal aller Erlöser und wird am Abschluß seiner Befreiungstaten gehindert. Wie Catani starben auch die wirklichen Mafiajäger Falcone und Borsalino im Kugelhagel der Machthierarchie — ihr aller Vorbild erleidet noch Schlimmeres: Er wird an einen Felsen geschmiedet, wo ihm die Geier des Zeus täglich ein Stück von der Leber aushacken, die sich bis zum nächsten Morgen regeneriert. Die Leber ist nach alter Vorstellung Sitz der Gefühle und des Zorns. So muß Prometheus sein wütendes Aufbegehren damit büßen, daß ihm diese Wut täglich ausgehackt wird und sich doch ständig erneuert, wie auch der Zorn über die Ungerechtigkeit sich ständig fortsetzt durch die Menschheitsgeschichte, ohne jemals befriedigt werden zu können.

Die Götter ließen es aber nicht bei der Bestrafung des Prometheus bewenden, sondern zürnten auch dem von ihm »aufgeklärten« Menschengeschlecht. Sie erschufen die verführerische Pandora, die sie dem Epimetheus, was soviel wie der »Nachher-Denkende« bedeutet, zur Frau gaben, dem Bruder des Prometheus, des »Vorher-Denkenden«. Pandora, die »All-Beschenkte«, erhielt als Hochzeitsgeschenk eine Büchse, in die alle Übel dieser Welt eingeschlossen waren. Als neugierige Frau öffnete sie den Deckel, und alle Leiden kamen über die Menschheit. Aus Unrecht entsteht immer neues Unrecht. Zeus tritt als Dieb auf, Prometheus will mit dem nächsten Diebstahl dieses Unrecht ausgleichen. Zeus straft den Dieb und die zuvor von ihm selbst Bestohlenen. Zurück bleibt die *conditio humana*, mit der wir uns offenbar abgefunden haben, auch wenn wir durch Gesetze aller Art zukünftiges Unrecht vermeiden wollen.

Die Vision einer angst- und haßbefreiten Welt, wie sie Prometheus versuchte, den Menschen zu lehren, blieb Vision —

der Mythos des Erlösers ist der seines Scheiterns. Unermüdlich hacken wir als Geier weiter an den Lebern prometheischer Gestalten, indem wir den Zorn über die Ungerechtigkeit entfachen und gleichzeitig die Erlösung verweigern. Die Mythenmuster, nach denen wir unser Leben ausrichten, sind noch immer davon geprägt, daß wir ohne die Leiden aus Pandoras Büchse nicht auskommen können: »Die Welt ist ungerecht«, »Leiden gehört zur Liebe«, »Zu schön, um wahr zu sein«. So halten wir das Scheitern des Prometheus für unumgänglich, auch wenn er seinen Befreiungsversuch für uns Menschen unternommen hat und wir unter den Göttern, die ihn strafen, genauso zu leiden haben.

Ein Symbolvergleich zwischen Prometheus und Jesus zeigt, daß auch der biblische Erlösungsmythos den Menschen nicht wesentlich weitergebracht hat: Beide sind mit dem Rücken an Starres geschmiedet, beiden widerfahren Verletzungen an der Seite, beide kämpfen gegen das Unrecht der Herrschenden, beide wollen das Menschengeschlecht befreien, beide erleiden das Erlöserschicksal, und beider Ende ist ungeklärt. In beiden wirkt ein Mythos fort, dem wir uns bis heute nicht entzogen haben. Das Unrecht, das der Erlöser erleidet, verweist nicht auf die Macht des Stärkeren, es zeigt, daß das menschliche Streben nach Gerechtigkeit seinen Existenzanspruch aus der Ungerechtigkeit ableitet, ohne die es seine mythische Kraft für immer verlieren würde. Unser Gerechtigkeitssinn folgt einem Mythos, nach dem es von den »höheren Mächten«, den Göttern oder dem Schicksal, keine Gerechtigkeit zu erwarten gibt – also müssen die Menschen das Recht selbst in die Hand nehmen.

Hitliste der Ungerechtigkeiten

Der Mythos der Gerechtigkeit steckt so voller Paradoxien, daß es schwer ist, sich Gerechtigkeit anders als über das »Gefühl« für dieselbe vorzustellen. Wir haben es mit dem Mythos eines Zustands zu tun, der offenbar im Menschen permanente Widersprüche auslöst. Im Gegensatz zur Liebe und zum Geld, die wir schlicht und einfach gern haben wollen, wenn wir auch nicht wissen, wie wir sie bekommen, stimmt mit der Gerechtigkeit irgend etwas nicht. Wir wollen sie zwar — aber nicht wirklich:

— **Für uns selbst wollen wir sie nur, wenn uns von anderen Unrecht zugefügt wurde, nicht aber, wenn wir es anderen zufügen;**

— **für die Welt halten wir sie allgemein nicht für machbar und mißtrauen zunehmend allen »Machbarkeits-Fanatikern« der Gerechtigkeit;**

— **und mit dem Verstand ist ihr nicht beizukommen, denn selbst die modernen Gesetze konstatieren nur ein Rechtsempfinden, aber keine »Rechtsvernunft«.**

Unter diesen Umständen lohnt es sich vielleicht, einen eingehenderen Blick auf die Ungerechtigkeiten zu werfen, denn die Gerechtigkeit als solche scheint nicht sonderlich attraktiv zu sein. Es muß an den Ungerechtigkeiten liegen, daß sie immer noch als ein so hohes Gut ihre mythische Ausstrahlungskraft besitzt und bei jeder Gelegenheit zur Rechtfertigung beschworen wird: »gerechte« Kriege, »gerechte« Steuern, »gerechte« Gesetze. Bei den Ungerechtigkeiten kann man leicht die folgende Liste zusammenstellen, in der die Grundungerechtigkeiten aufgeführt sind, die jedem in seinem Leben

Hitliste der Ungerechtigkeiten

1. Vertreibung aus dem Paradies
Gemein: Gott hätte es besser wissen müssen
Trost: Ohne Entscheidungsfreiheit kein Lustgewinn

2. Der kleine Unterschied zwischen Mann und Frau
Gemein: Die Geschlechter können sich nie verstehen
Trost: Ohne Liebesleid kein Liebesglück

3. Wir sind von Geburt an alle ungleich
Gemein: Mein Vater hat zuwenig Geld, meine Schwester ist schöner und mein Bruder kann besser zeichnen
Trost: Irgendwer hat es immer noch schwerer

4. Es gewinnen immer die anderen
Gemein: Selbst wenn wir »sechs Richtige« haben, ist es die kleinste Ausschüttung seit Einführung des Lotto
Trost: Jeder ist ein Gewinner, wenn er erst mal das richtige Spiel für sich gefunden hat

5. Wir müssen alle sterben
Gemein: Manche zu früh, manche zu spät
Trost: Niemand muß ewig leben

mit Sicherheit begegnet sind oder es noch werden. Diese Ungerechtigkeiten lassen sich ohne eine fundamentale Veränderung der Naturgesetze nicht aus der Welt schaffen. Und sie haben wie alle Ungerechtigkeiten auch ihr Gutes, zumindest gibt es für jede noch so große Ungerechtigkeit auch einen Trost, der keine Gerechtigkeit verspricht, sondern uns nur hilft, die Dinge außerhalb der mythischen Gerechtigkeitsfalle zu sehen: Hinter jeder Ungerechtigkeit verbirgt sich auch die Freiheit, uns selbst zu entwickeln und uns zu beweisen, wie wir mit der *conditio humana* umgehen können. Wenn uns die Menschlichkeit wichtiger ist als die Gerechtigkeit, dann können wir unserem Urteil durchaus trauen.

Trauben hängen weder zu hoch noch zu niedrig

»Weise ist der, dem die Dinge so schmecken, wie sie sind«, sagte Bernhard von Clairvaux, der Gründer des Zisterzienserordens. Der Fuchs in Lafontaines Fabel verzichtet auf die Trauben, weil sie ihm zu sauer sind, anstatt sich einzugestehen, daß sie einfach zu hoch für ihn hängen. Wenn wir die Gerechtigkeit nur ablehnen, weil sie schwer zu gestalten ist in einer ungerechten Welt, folgen wir nur diesem Beispiel. Aber Bernhard von Clairvaux's Aufruf ist nicht als simple Resignation vor der Welt zu verstehen. Das lateinische Wort für »schmecken« heißt »sapere« und ist verwandt mit »sapientia«, der Weisheit. Wir müssen uns schon auf den Geschmack der Welt einlassen, wenn wir in ihr wirken wollen. Aus diesem Grund kann auch Peter Sloterdijk sagen: »Die Welt ist

ursprünglich etwas, das durch den Mund geht.« Diesen Gedanken vom Schmecken der Welt finden wir auch in den
Worten der christlichen Eucharistie-Feier, wenn es heißt:
»Schmecket und sehet, wie freundlich der Herr ist.« Wer sich
auf den Geschmack der Welt einläßt, kommt seinem eigenen
Sein und dem Transzendenten näher. Im »Schmecken« liegt
die Grunderfahrung für das sinnliche und geistige Bewußtsein. Die ursprünglichen Weisheitsmythen der Völker beto-
nen immer wieder jenes schmeckende Sich-Einlassen auf die
Welt, um aufzuspüren, welchen Geschmack die Dinge haben, das heißt, ob man sie akzeptieren soll oder nicht. Der
heilige Bernhard leitet seinen Wahrheitsbegriff aus ebendie-
sem Erkundungsversuch ab, mit dem schon der Urmensch
die Pflanzen seiner Umgebung erforscht haben muß. Einmal
auf den »Geschmack gekommen«, soll er uns veranlassen, das
Gute zu tun und das Schlechte zu meiden. Saure Trauben sollen wir nicht pflücken, süße bekommen uns besser. Gleichzeitig aber ergibt es wenig Sinn, an Trauben herankommen zu
wollen, die zu hoch hängen. Haben wir sie erst einmal erreicht, dann wollen wir die nächsthöheren – und irgendwel-
che Trauben hängen immer zu hoch. Weisheit kann so nicht
zu uns kommen, denn sie liegt im Geschmack dessen und
einer Verfeinerung dessen, was wir haben. Wenn wir sie im
Unerreichbaren suchen, werden wir immer unbescheidener
und selbst immer ungerechter werden. Die Ungerechtigkeit
dessen, was wir noch nicht sein oder haben können, erscheint
uns von Traube zu Traube größer und verführt uns zu der Annahme, damit seien auch *die* Ungerechtigkeiten »gerecht«,
die wir an anderen begehen. Aus diesem Grunde verlangen
alle Weisheitslehren und Religionen Mäßigung und Bescheidenheit als Ausweg aus der mythischen Falle des »Immer-

mehr-wollen-als-man-gerade-hat«: Je höher einer steigt, desto tiefer kann er fallen. Dieser Aufstieg kann über das Schmecken der Welt erfolgen. In ihm überwindet das Selbst unser Ego und erfährt so Gerechtigkeit.

In dem Moment, wo das Bewußtsein in die Sprache, auch in die Sprache der Gesetze, eintritt, ist das Gegebene schon überschritten. Die Erfahrung geht darüber hinaus, denn sie spiegelt jene Wechselwirkung zwischen Sein und Mythos wider, die sich der Sprache entzieht: Die Welt ist vor dem Bewußtsein, die Wirklichkeit hinter ihm. Und die wortlose Erfahrung findet das Bewußtsein eben im Schmecken. Was als »gerecht« *wirklich*, nämlich wirkend ist, das ist zwar zu spüren, aber nicht zu diskutieren – und hat mit dem Recht nichts zu tun. Das gilt für uns wie für alle Menschen, denn die Trauben haben für alle nur einen individuellen Geschmack.

In einer Erfolgsgesellschaft ist es allerdings schwierig zu begreifen, daß die Trauben eben dort hängen, wo sie hängen, und nicht dort, wo wir sie gern haben möchten. Kein Wunder, daß die Welt immer ungerechter wird. Aber das Akzeptieren der Ungerechtigkeit – nicht des Unrechts! – ist gerade jene Selbstüberwindung, in der das Ich Freiheit im Sinne von Unabhängigkeit erfährt. Es bewegt sich jenseits von Gerechtigkeit und Ungerechtigkeit, wo es weder einem »heiligen Zorn« der Selbstgerechtigkeit verfällt noch den endlosen Aufstand des Prometheus fortsetzen will. Für dieses Ich, das am Ziel der Entwicklungsreisen aller Helden in allen Mythen steht, existiert nur noch das, was ist – und das, was das ausmacht, was ist. Es kümmert sich nicht mehr um Veränderung der anderen, sondern um die seines Selbst, und sieht in der Welt alle jene Ordnungsmuster, die der Entfaltung des Selbst hilfreich sind – dem eigenen Selbst und dem der anderen. In

diesem Zustand wären wir mit uns selbst im Frieden. Wir beklagen dann die mangelnde Gerechtigkeit nicht mehr als pas-
siver Voyeur des Unrechts, süchtig nach immer neuen Geschichten der Ungerechtigkeit dieser Welt, sondern wir
sehen, daß alles Unrecht nur dazu dient, der Gerechtigkeit
den Weg in unsere Herzen zu öffnen.

Denn sie sollten wissen, was sie tun oder Wege aus der mythischen Falle

Zu drei Erkenntnissen sind wir in den bisherigen Kapiteln dieses Buches gelangt:

1. *Mythen üben Macht über uns aus*
2. *Die Wirkung von Mythen ist durchschaubar*
3. *Die Macht der Mythen geht so weit, daß wir uns ihnen sogar gegen unseren Willen unterwerfen*

Da nun die Wahrheiten von gestern die Mythen von heute zu sein scheinen, stellt sich die Frage, was die Mythen von morgen wohl sein werden bzw. wie wir die zukünftige Entwicklung der Mythen beeinflussen. Wo sind wir von den Mythen abhängig und wo die Mythen von uns?

Spieglein, Spieglein an der Wand oder Die ontologische Frage

Mythen stellen als Spiegel innerseelischer Vorgänge Beziehungen her, nicht nur zwischen dem Ich und dem Selbst, dem

Bewußten und dem Unbewußten, sondern auch zwischen den in der äußeren Welt agierenden Personen – auf der seelischen wie auf der rein physischen Ebene. Der eine entdeckt im anderen stets die Seite des Mythos, die er selbst an sich vermißt; oder er wünscht sich vom anderen den Fortgang der Geschichte, die er für seine eigene »braucht«. Da dieser Vorgang die Geschichte einer wechselseitigen Beeinflussung ist, entsteht etwas, das wir mangels einer besseren Bezeichnung erst einmal mythogenetisches Feld nennen wollen, und in dem sich Einzelmenschen, aber auch Gruppen von Menschen bis hin zu ganzen Nationen und Kulturen befinden. In diesem Feld folgen alle bestimmten Mustern und bestärken sich gegenseitig darin. Alle sind auf einer gemeinsamen Reise zu einem unbekannten Ziel, von dem jeder einzelne unterschiedliche Vorstellungen haben mag, aber trotzdem macht er die Reise mit anderen gemeinsam. Die innere Reise, bei der uns der Mythos als Wegweiser dient, wird dabei aber leicht zu einer äußeren Reise, bei der sich alle auf Wegweiser berufen, von denen niemand mehr weiß, wohin sie eigentlich deuten, und alle deshalb beginnen, nach ihrer Überzeugung die Wegweiser in die »richtige« Richtung zu drehen.

Wir begegnen hier der klassischen Frage: Verändert man sich, wenn man in den Spiegel blickt? Der berühmte Satz des Mannes, der nach durchzechter Nacht morgens vor dem Spiegel steht und seinem Spiegelbild müde erklärt: »Ich kenne dich nicht, aber ich rasiere dich trotzdem«, bringt das Problem mit dem Mythos wunderbar auf den Punkt. Die Frage, als was man die Dinge sieht, kann eben zweifach beantwortet werden. Einmal erkenntnistheoretisch: Obwohl ich einen Tisch niemals von allen vier Seiten gleichzeitig sehen kann, nehme ich ihn als Tisch wahr. Dann ontologisch, indem ich das Sein des Tisches als innerweltlichen Gegenstand akzeptiere. Einfacher gesagt: Einerseits verlasse ich mich darauf, daß meine bisherigen Kenntnisse von Tischen ausreichen, um einen zu erkennen, andererseits kann ich auch darauf vertrauen, daß mir zu dem Ding vor mir schon der richtige Name eingefallen ist. Es bleibt unserer Entscheidungsfreiheit überlassen, auf welchem Wege wir dem Tisch näherkommen wollen. Nicht anders ist es beim Umgang mit Mythen. Wir können den Mythos als gegeben betrachten oder es vorziehen, ihn als etwas zu sehen, was von uns in jedem Moment neu geschaffen wird, indem wir unseren Blick darauf richten. Aber letzteres wird uns nur gelingen, wenn wir seine Grundstrukturen erkennen und durchschauen können. Wenn wir seine Auswirkungen auf unser Sein begreifen, sind wir in der Lage, uns diesen Auswirkungen auch zu entziehen. Paul Claudel schreibt: »Allem Vergehenden wird die Würde des Ausdrucks verliehen; alles Geschehende erhält die Würde der Bedeutung. Alles ist Symbol oder Parabel.« Man könnte hinzufügen: Alles, was eine Be-Deutung aufweist, erschafft einen Mythos oder schließt sich an ein mythogenetisches Feld an. Symbole (z. B. Hakenkreuz) oder Parabeln (z. B. Der Fuchs und die Trauben) sind besonders wirksame Muster, die in ihrer Wirksamkeit auch besonders leicht zu mißbrauchen sind, da sie den unmittelbaren Zugriff auf das Unbewußte erlauben. Wer »seine« Geschichten, seine mythischen »Strickmuster« durchschaut, dem wird auch klar werden, daß ein Mythos aus drei zusammenwirkenden Einheiten besteht. Auf die erste haben wir keinen Einfluß, da sie in einer Art »ewiger Wiederkehr des Immergleichen« ein starres Programm darstellt; wenn wir uns auf den Heldenmythos einlassen, so ist zum Beispiel der Weg des Helden nach einem unwandelbaren Muster aufgebaut, dem wir in allen Kulturen und zu allen Zeiten begegnen. Die zweite Ebene entsteht durch das kollektive Zusammenspiel aller Menschen in einem mythogenetischen Feld und erlaubt uns, einen marginalen Einfluß auszuüben; welche Heldenbilder wir in unserer Zeit akzeptieren, hat auch auf unsere Umwelt einen Einfluß. Wir können mit dem Strom schwimmen oder einen Helden da finden, wo die gesellschaftlichen Klischees ihn nicht erkennen lassen. Schließlich gibt es die dritte, die individuelle Ebene, auf der wir selbst mit dem Mythos unmittelbar kommunizieren und uns entscheiden, welchen Stellenwert wir etwa einem Heldenbild in unserem persönlichen Leben einräumen, ob wir seinem Muster nacheifern, es anprangern oder es überwinden wollen. Aus dem Zusammenspiel dieser drei Ebenen entsteht der Prozeß, den wir so schwer begreifen: daß wir nämlich selbst jene Lebensgegebenheiten wählen, die wir später »Schicksal« nennen. Mit anderen Worten: daß wir selbst die Ursache sind für alles, was in und um uns wirkt. Der Satz »Wenn jemand auf der Welt ermordet wird, so werde ich ermordet« drückt diesen Sachverhalt aus: An allem, was vorgeht, sind wir aktiv oder passiv beteiligt, denn in einer ganzheitlichen Perspektive bedingt sich alles gegenseitig.

Im Umgang mit dem Mythos begegnet uns ein Spiegel, aber dieser Spiegel ist nicht identisch mit dem Mythos. Der Spiegel, das sind die Geschichten, deren Ablauf vorgegeben und doch von uns selbst in jeder Sekunde entschieden wird – wie von Schauspielern, die das Stück kennen und es trotzdem bei jeder Aufführung einzigartig interpretieren. »Dieser Spiegel der Geschichten schmeichelt nicht«, wie C. G. Jung schreibt, »er zeigt genau, was in ihn hineinsieht, nämlich jenes Gesicht, das wir der Welt nie zeigen, weil wir es durch

174

die Persona, die Maske des Schauspielers, verhüllen. Der Spiegel aber liegt hinter der Maske und zeigt das wahre Gesicht.« Wenn aber der Mythos nicht der Spiegel ist und wir nicht der Mythos sind, was ist der Mythos dann? Er ist der *Blick in den Spiegel*, die Art, in der wir uns und die Welt betrachten.

Eva und Adam überlegen es sich noch einmal

Am Beispiel des Urmythos der Genesis wollen wir prüfen, wie es möglich ist, der mythischen Falle zu entschlüpfen und den Mythos neu zu interpretieren. Wir können dabei zweierlei lernen: Erstens, daß wir im mythologischen Schicksal über die Entscheidungs- und Wahlfreiheit verfügen, denn es sind immer noch *wir*, die sich zum Tun oder Unterlassen aufraffen, und zweitens, daß Mythen scheitern können – ihre Muster mögen zwar stimmig sein, aber sie müssen nicht »recht« haben, nur weil sie sich über Jahrtausende gehalten haben und viele ihnen nacheifern. Dabei ist es wichtig zu erkennen, daß z. B. der Nationalsozialismus entmystifiziert wurde, aber beileibe noch lange nicht entmythifiziert ist – eine Erklärung für das Wiederaufleben rechtsradikaler Tendenzen.

Dem 3. Kapitel des 1. Buches Mose zufolge fand der Sündenfall statt, weil die listige Schlange der vorsichtigen und bis dahin gehorsamen Eva einredete, den verbotenen Apfel vom Baum der Erkenntnis zu pflücken und zu essen. »Und sie nahm die Frucht und aß, und gab ihrem Mann auch davon;

und er aß. Da wurden ihrer beiden Augen aufgetan, und sie wurden gewahr, daß sie nackt waren.« Die Fortsetzung der Geschichte ist bekannt. Wir müssen uns fragen, welche Konsequenzen eine andere Handlungsweise von Eva und Adam wohl gehabt hätte. Deshalb wollen wir einen kleinen Lauschangriff auf ihre Unterhaltung im Paradiesgarten unternehmen:

Eva: Ich habe hier einen appetitlichen Apfel. Was sollen wir damit machen?

Adam: Essen. Wozu soll er sonst gut sein?

Eva: Aber das ist doch verboten!

Adam: Wieso?

Eva: Gott hat es so befohlen.

Adam: Und weshalb hast du den Apfel dann gepflückt?

Eva: Weiß nicht. Die Schlange meinte, er schmeckt gut und macht uns wie Gott, weil wir Gut und Böse unterscheiden können, wenn wir ihn essen.

Adam: Na, ich weiß nicht.

Eva: Dann sag mir endlich, was wir tun sollen!

Adam: Ich hole erst mal Rat ein. So allein kann ich das nicht sagen. Ich rufe bei Sigmund Freud an. *Telefoniert.*

Freud: Offenbar ist die Motivation ein biologisches Bedürfnis. Wenn ihr euch genötigt findet, nach »Gottes unerforschlichem Willen« zu handeln, so gesteht ihr damit ja nur ein, daß euch als letzte Trostmöglichkeit und Lustquelle nur die bedingungslose Unterwerfung unter eine Fremdbestimmung geblieben ist. Diesen psychischen Infantilismus aufzuheben, wäre der beste Weg, euch die individuelle Neurose zu ersparen.

Adam: Hast du kapiert, Eva?

176

Eva: Schon, aber das mit der Fremdbestimmung verstehe ich nicht ganz. Sollen wir nun in den Apfel beißen oder nicht? Frag doch mal den Alfred Adler, der ist immer so schön direkt.

Adam telefoniert.

Adler: Offenbar leidet ihr unter verdrängter Freßlust. Man darf dabei nicht übersehen, daß in solchen Fällen wegen des mangelnden Kontaktes mit den äußeren Umständen ein fortdauernder Anlaß zur Steigerung in der Gefühlssphäre, einer Steigerung der Emotionen und Affekte, gegeben ist. Mir scheint, daß du, Eva, an einem ganz schönen Minderwertigkeitskomplex leidest, während du, Adam, offenbar einem Überlegenheitskomplex verfallen bist.

Adam: Das verstehe ich nicht, was er da sagt. Ich weiß nur, daß ich eigentlich keinen Hunger habe.

Eva: Der ist heute schlecht drauf gewesen. Versuch es doch mal bei C. G. Jung.

Adam: Immer der Jung. Den magst du ja nur, weil er so schön einfühlsam ist.

Eva: Los!

Adam telefoniert.

Jung: Habt ihr eigentlich schon einmal darüber nachgedacht, daß der Mythos, den ihr euch da gerade zu leben anschickt, nichts anderes als eine psychische Manifestation ist, welche das Wesen eurer Seelen darstellt? Euer Apfel ist auch nur ein dogmatisches Symbol: Es formuliert ein ebenso gewaltiges wie gefährlich-entscheidendes seelisches Erlebnis, das eine Übermacht über euch darstellt. Dieses Symbol unserer dunklen Psyche verweist darauf, daß ihr euch erst

mal selbst kennenlernen müßt, damit ihr wißt, wer
ihr seid.

Adam: Ich werde immer verwirrter. Da kann nur noch Eu-
gen Drewermann helfen, der hat wenigstens den Chef
studiert.

Eva: Ja, Drewermann find' ich super.

Adam telefoniert.

Drewermann: Adam, du hast eben so merkwürdig deinen
Satz mit »ich« begonnen. Die Art, wie jemand »ich«
sagt, bildet das deutlichste Kriterium, ob jemand von
Gott kommt oder nicht. Ein »Ich«, das seine Macht
aus der Erniedrigung anderer bezieht, mag sich so auf
Gott berufen, wie es will – es wird Gott nur im We-
ge stehen. Nur jemand, der »ich« sagt, um durch sich
selbst ein fremdes Du in das Licht einer wachsenden
Vertrautheit zu erheben, ist als »Abbild Gottes« in die
Welt gesandt.

Eva: Wie, bist du doch nicht vom Chef gemacht worden,
Adam?

Adam: Er meint ja nur, daß wir durch die Liebe in die Welt
gesandt werden.

Eva: Aber was ist nun mit dem Apfel? Die Schlange meint,
wenn wir reinbeißen, bekämen wir endlich den
großen Durchblick.

Adam: Ich glaube, die wollen alle nur, daß wir das selbst entscheiden. Und dann bleibt es garantiert ewig lange an
uns hängen. Was hältst du davon, wenn ich eine Axt
erfinde und den blöden Apfelbaum einfach umhaue?

Eva: Was fragst du mich? Immer sagst du: »Was
meinst du . . . ? Was hältst du davon . . . ? Sollten wir
nicht . . . ?« Tu doch endlich was!

Man merkt schon, daß man die Geschichte endlos weiter-spinnen kann. Mit der Psychologie finden Adam und Eva zwar raus, warum sie nun in den Apfel gebissen haben wer-den, aber bei der Entscheidung, reinbeißen oder nicht, helfen ihnen die Psychologen auch nicht weiter. In der Mythen-forschung könnten sie immerhin erfahren, was ihren Nach-fahren blüht, wenn die Sippe aus dem Paradies vertrieben ist. Wir können Eva und Adam die Entscheidung etwas leichter machen, wenn wir ihnen die mythischen Fallen vor Augen halten, die in ihrem Entschluß stecken werden, wozu sie sich am Ende auch immer aufraffen. Man kann natür-lich auch versuchen, die Sache etwas systematischer an-zugehen. Sollte es nicht möglich sein, uns aus der Falle des Sündenfalls durch eine andere Entscheidung zu befreien, oder ist sein Mythos so stark, daß uns einfach keine andere Lösung einfallen kann, weil unsere Existenz keine andere zuläßt?

Das Apfelproblem

Wenn wir der Entscheidungsfindung von Adam und Eva mit dem Werkzeug der formalen Logik zu Leibe rücken, dann gibt es für die beiden nur begrenzte Handlungsmuster. Adam kann den Apfel ablehnen, und beide essen nicht vom Baum der Erkenntnis. Eva könnte sich natürlich auch ohne Adams Mittäterschaft an dem Obst vergreifen. Oder es kommt, wie in der Bibel erzählt. Spitzfindige werden noch eine Fülle wei-terer Lösungen bereithalten. Z. B. könnte man die Schlange zwingen, den Apfel selbst zu essen, Adam fällt den Apfelbaum, oder Gott entschließt sich, den Apfel im letzten Augenblick in eine Birne zu verwandeln. Ähnlich wie eine überraschende Landung von Außerirdischen, die Eva entführen, oder die Frage nach den Blattläusen am Apfelbaum sind die letztgenannten Überlegungen nur Ablenkungsmanöver unseres findigen Geistes, der sich mit dem Kernproblem, der mythischen Frage nach dem Sündenfall, nicht wirklich beschäftigen will. Alle amüsanten Weiterungen, die keinen Bezug mehr zum Mythos haben, müssen wir also grundsätzlich bei unserer Problemlösung ausschließen, da sie das Problem eben nicht lösen, sondern uns nur den Blick für die mythologische Falle trüben.

Statt dessen empfiehlt sich, die Lösung des Apfelproblems einmal durchzuspielen und zu sehen, welche Konsequenzen sich aus den Entscheidungen ergeben. Dazu haben wir das Problem so dargestellt, daß man seiner Vernetzung auf den nächsten Seiten spielerisch folgen kann. Hier die Spielregeln, die es zu beachten gilt. Lesen Sie jeweils auf der angegebenen Seite die Konsequenz und folgen Sie dann dem Hinweis am Ende der Seite zur nächsten Entscheidung. Wenn Sie alle Seiten gelesen haben, versuchen Sie es mit Seite 186 oben.

1. **Adam ißt nicht vom Apfel, und Eva läßt es auch lieber bleiben**

   Wenn Sie diesen Lösungsvorschlag empfehlen, lesen Sie bitte weiter auf Seite 184, und denken Sie daran, daß man bestimmten Entscheidungen nicht ewig ausweichen kann.

2. **Adam ißt vom Apfel, aber Eva überlegt es sich noch mal anders und beißt nicht rein**

   Wenn Sie das für die beste Lösung halten, lesen Sie bitte weiter auf Seite 185. Wollen Sie wirklich, daß Adam von der Schlange und von Eva reingelegt wird?

3. Eva ißt vom Apfel, aber Adam läßt sich einfach nicht überreden

Wenn Sie die Genesis gerne so umschreiben würden, lesen Sie weiter auf Seite 183. Mit Partnersolidarität hat das aber nicht mehr viel zu tun.

4. Adam und Eva essen den Apfel vom Baum der Erkenntnis gemeinsam

Warum muß man für alles eine neue Lösung finden? Lesen Sie auf der nächsten Seite, was dann alles bleibt, wie es ist.

Adam und Eva essen den
Apfel vom Baum der Erkenntnis gemeinsam

Die beiden entdecken für die Menschheit den Unterschied zwischen Gut und Böse. Sie erhalten so ihre Entscheidungsfreiheit und Verantwortung zu ethischem Verhalten, das heißt, sie entwickeln den Mythos, daß zum Menschen auch das Böse gehört. Nur in der Wahlmöglichkeit von Gut und Böse kann eine Seele sich entwickeln und reifen. Die erste Untat, Kains Mord an Abel, läßt dann auch nicht lange auf sich warten. Evas Komplizenschaft mit der Schlange trägt den Frauen einen schlechten Ruf bei den Männern ein, die sich jahrtausendelang darauf berufen, daß die Frau das Böse in die Welt gebracht haben soll — zumindest aber die Hauptschuld für die Vertreibung aus dem Paradies trägt. Andererseits ist die Frau auch nicht mehr im Zustand paradiesischer Unschuld, denn sie muß mit dem Mann die Last der ethischen Verantwortung teilen. Bei dieser Lösung des »klassischen Sündenfalles« bleibt der Mensch immer sündig, denn er hat bereits einmal gegen Gottes Willen gehandelt und wird es von nun an immer wieder tun können. Gleichzeitig ist sein Erwachen zur ethischen Mündigkeit aber auch die Verführung durch seine weibliche, also empfindsame Seite zur Ursünde, die durch die Schlange, dem Symbol der schöpfenden Erdkräfte des vom Vatergott Jehova vorausgegangenen Matriarchats, angeregt ist. Diese Lösung verlangt von den Menschen eine ständige Entwicklung ihrer Selbstverantwortung, die gleichzeitig mit frauen- und gefühlsfeindlicher Ideologie der siegreichen Väterherrschaft belastet ist. *Wollen Sie den beiden nicht lieber etwas anderes empfehlen, eine der Lösungen auf Seite 183–185?*

Eva ißt vom Apfel, aber Adam läßt sich einfach nicht überreden

Gott ist in diesem Fall mindestens so gerecht wie in der biblischen Version. Er wird wohl alle beide aus dem Paradies vertreiben lassen, denn sonst ließe sich ja keine Geburt einer sich weiterentwickelnden Menschheit vorstellen. Die Gabe der Erkenntnis von Gut und Böse bliebe aber auf die Frau beschränkt, während der Mann in sympathisch instinkthafter Ahnungslosigkeit an ihrer Seite seinen Trieben folgte und seine Moral irgendwo zwischen Braunbär und Berggorilla anzusiedeln wäre. Die Frauen wüßten, daß sie mit ihren ethischen Problemen allein auf der Welt sind und keine Verständigung mit dem »tierischen« Gefährten an ihrer Seite möglich ist. Die Männer wüßten gar nichts. Gewisse Feministinnen polemisieren, daß die Welt genauso aussieht. Die Frauenbewegung versucht zumindest, den Mann aus seiner moralischen Unmündigkeit zu erwecken, indem sie ihm dauernd vorhält, was er alles in der Welt angerichtet hat. Aber als gute Lösung wird ein solcher Zustand nirgendwo angepriesen. Vielleicht könnten die Frauen es ja auch auf Grund ihrer ethischen Entscheidungskraft schaffen, ihre Seelen so weit zu entwickeln, daß sie Mitleid für den unmündigen Mann empfinden. Da diese Unmündigkeit aber schon im Mythos angelegt und vorherbestimmt ist, also sozusagen existentiell zum Mann gehörend, wird ihm das Mitleid nicht helfen. Er bleibt auf einer Stufe, auf der er ewig von der Frau darum betrauert wird. Wenn dazu noch weibliches Selbstmitleid darüber käme, daß die Frauen diese triebhafte Unschuld nun für immer verloren hätten, würde die Welt zu einem wahren Jammertal. *Eine Lösung, mit der weder Frauen noch Männern gedient ist. Umgekehrt ist es sicher auch nicht besser, also gleich weiter auf Seite 184.*

Adam ißt nicht vom Apfel,
und Eva läßt es auch lieber bleiben

Gott sei Dank, möchte man da beinahe unpassenderweise aus-
rufen. Aber der hätte damit ein furchtbares Problem. Wenn die
beiden niemals den Unterschied zwischen Gut und Böse erfahren, wie soll dann Gott etwas darüber herausfinden und die
seelische Entwicklung des Menschen verfolgen? Der Mensch,
der den Sündenfall verweigert, läßt sich ja nicht in die ethische
Verantwortung nehmen – er kann also auch nichts über sich und
die Welt in Erfahrung bringen. Die Verweigerung des Sündenfalls schafft zudem ein tiefes ontologisches Problem: Schon der
Schritt, den Erwerb der Unterscheidungsfähigkeit zwischen
Gut und Böse abzulehnen, ist ja eine ethische Entscheidung.
Wie soll jemand bewußt seine Unschuld wählen, wenn doch
die Unschuld gerade »bewußte Wahlmöglichkeit« ausschließt.
Würden Adam und Eva den Apfel zurückgeben (an wen übrigens?), begingen sie eine noch viel größere Sünde. Sie würden
der Menschheit ja nicht nur das Böse, sondern auch jedes
Wissen um das Gute vorenthalten. Gott würde ihnen mit
Sicherheit noch viel mehr als bei der biblischen Art des Sündenfalles zürnen und sie sofort aus dem Paradies befördern. Sie
befänden sich dann in einer Welt, in der Gutes und Böses existiert, ohne daß sie es jemals begreifen könnten. Eigenartigerweise wird dieser Zustand von den Philosophen des Existentia-
lismus als Wirklichkeit beschworen. Der Mensch unschuldig in
eine bestialische Welt geworfen? Man kann zwar befürchten,
daß die Entscheidung der beiden am Ende so ausgefallen ist,
aber »guten Gewissens« kann man Eva und Adam kaum dazu
raten. *Mit Sicherheit sollten Sie die Lösungen auf Seite 183 oder 185
prüfen.*

184

Adam ißt vom Apfel,
aber Eva überlegt es sich
noch mal anders
und beißt nicht rein

Dies wäre der Weg in eine männliche Traumwelt, in der dem
mündigen Mann in seiner ethischen Entscheidungskraft ein trieb-
haftes und ethisch-moralisch schwachsinniges Weib an die Seite
gegeben ist, das nicht einmal dumme Fragen stellen könnte, weil
sie ihm gar nicht einfielen. Leider hat diese Variante für den Pa-
triarchats-Macho eine furchterregende Schattenseite, denn aus-
gerechnet dieses minderwertige Wesen hätte den Mann aus seiner Unschuld erweckt und ihm das Feuer des Geistes gebracht.
Seine Selbsterkenntnis im Guten oder Bösen verdankt er also nur
ihr. Nicht nur die körperliche Existenz, die er der Mutter verdankt, auch seine geistig-seelische Existenz ginge ganz aus dem
Weiblichen hervor. Der Mann könnte resignieren, daß er die Last
der Welt allein tragen muß, oder eifersüchtig auf die Unschuld
der Frau werden. Aber gegen den Haß aus dieser Eifersucht wäre
die Frau durch ihre Unschuld immunisiert. Sie würde niemals
etwas von dem verstehen, was der Mann ihr antut – eine Hölle
für Sadisten sozusagen. Was aber, wenn der Mann sich seelisch
entwickelt? Er wird immer von dem Urmythos gefangen sein,
daß er diese Entwicklung nicht aus eigener Kraft beginnen konnte, und befürchten, daß er sie auch nie aus eigener Kraft vollenden kann. Der Adam dieser Welt wäre gefesselt an eine Eva, die
ihn nie versteht, aber ohne die es für ihn auch kein eigenständiges
Sein gibt. Ob er sich unter diesen Umständen die Entwicklung
großer Kulturen zutrauen würde? *Lösungen, bei denen einer von zwei
Partnern unglücklich werden muß, lehnen wir ab und versuchen es mit den
Solidarvorschlägen von Seite 182 oder 184.*

Nachdem wir lange genug durch dieses Entscheidungslabyrinth geirrt sind, drängt sich das Gefühl auf, daß mit dem Schöpfungsmythos und der Geschichte vom Sündenfall irgend etwas nicht in Ordnung ist. Wenn es für das Apfelproblem keine faire Lösung gibt, warum müssen wir uns damit herumplagen? Wir können die Bibel ja auch nehmen, wie sie ist, und den Mythos als unabänderlich akzeptieren – er spiegelt, so wie ihn die Genesis erzählt, unsere Urerfahrung wider, daß wir nun mal alle vom Apfel der Erkenntnis gegessen haben. Und schon sitzen wir in der mythologischen Falle. Denn genau das ist ja die Macht des Mythos – seine Geschichten »stimmen« so überzeugend, daß wir uns einfach keine anderen Lösungen der mythischen Fragen vorstellen können, die in ihnen beantwortet werden. Was aber, wenn die Frage vom Mythos gar nicht richtig gestellt wurde? Müssen Eva und Adam sich wirklich in das Entscheidungsschema des Mythos pressen lassen?

Liebe das Leben mehr als die Geschichte

Wenn wir uns tatsächlich von einem mythischen Muster befreien wollen, wird uns das nur gelingen, wenn wir aus der Erkenntnis des Mythos zu einer höheren Ebene finden, von der aus wir die mythische Falle erkennen und dem Mythos etwas entgegenstellen, das als Muster ebenfalls stimmt und für uns die Entfaltung des Selbst vorantreibt, unser Leben lebensfähiger macht. Der Mythos vom Sündenfall bietet in sich selbst keine anderen als tragische Lösungen, von denen das zur Zeit

186

herrschende Muster noch die humanste zu sein scheint. Aber Eva und Adam könnten ihr Gespräch ja auch so fortsetzen:

Adam: Um den Biß in den Apfel kommen wir sowieso nicht herum. Wenn das Obst hier schon ständig vor unserer Nase hängt, wird schon mal einer davon naschen. *Er schaut weise.*

Eva: *(nachdenklich)* Wieso hat der Chef hier eigentlich die Äpfel aufgehängt? Ein komisches Paradies, in dem man nicht alles essen darf.

Adam: Ich trau' dem Alten sowieso nicht mehr. Wieso hat er mich nach seinem Bilde geschaffen und behauptet, dich aus meiner Rippe gemacht zu haben? Dann wäre ich ja deine Mutter, wo wir doch gehört haben, daß *du* eigentlich die Mutter bist. Diese Rippen-Geschichte muß ein Trick sein.

Eva: Wenn wir nun einfach hier abhauen und nach meiner Mutter suchen?

Adam: Toller Gedanke – bei dem Alten finden wir sowieso nichts mehr raus. Der verrät nichts und brummelt immer nur von den Geheimnissen der Schöpfung.

Eva: Laß uns doch einfach ein paar von den Äpfeln mitnehmen – als Marschverpflegung.

Adam: Dieses verbotene Fallobst?

Eva: Sollen wir verhungern? Da draußen ist schließlich nicht mehr das Paradies.

Adam: Ich habe da so eine Art Vision: Wir könnten die Äpfel in die Erde legen, und daraus wachsen dann neue Bäume der Erkenntnis.

Eva: Und unsere Kinder würden darunter spielen und bekämen von mir Apfelmus gekocht.

Stimme Jehovas: Adam, der Sündenfall!

Eva: Halt du dich da raus! Mit dir reden wir erst wieder,
         wenn du uns erzählst, was du mit Mutter angestellt hast!

Und so verließen Adam und Eva das Paradies. Ihrer klugen Entscheidung verdanken wir, daß bis heute alle Menschen schon früh vom Baum der Erkenntnis essen können und der alte Jehova sein Paradies schließen mußte. Auf Bildern wird er immer als alter Mann auf der Suche nach einer Schlange dargestellt, in die er seine Frau verwandelt haben soll. Kain und Abel aber wurden das Symbol brüderlicher Freundschaft, nachdem ihre Eltern ihnen früh verboten hatten, einem Gott Opfer zu bringen, der seinen Kindern immer nur die halbe Wahrheit erzählen wollte. So steht es nicht in der Bibel. Aber warum sollen wir uns nicht eine Welt vorstellen, für die Erkenntnis kein Sündenfall ist und man dem Bösen durch kluge Entscheidungen rechtzeitig in sich selbst entgegenwirken kann?

Finden wir die Geschichten, die Macht über uns haben, schreiben wir sie auf und denken uns bessere Geschichten aus. Alle Mythen entstehen in uns. Denn in den Äpfeln vom Baum der Erkenntnis schlummert die Macht, unsere innere Welt selbst zu entwickeln und daran zu arbeiten, die äußere in Übereinstimmung mit dem zu bringen, was unserer Seele schmeckt.

Kleines Mythen-Glossar

Achill

Wegen seiner Ferse sprichwörtlicher Griechenheld, der durch einen Pfeilschuß in dieselbe vor Troja fiel und so den Mythos bezeugte, daß »auch der Stärkste eine schwache Stelle« hat. Seine Liebe zur Amazonenkönigin Penthesilea endete für die Arme tödlich und muß seitdem als Beispiel für die Tragik von Beziehungen zwischen Held und Heldin herhalten.

Aeneas

Gründer Roms, Sohn der Venus und letzter Überlebender der trojanischen Helden, der mit seiner Sippe ins italienische Exil zog. Der römische Dichter Vergil griff auf ihn zurück, als man für das aufblühende Imperium einen Nationalmythos brauchte, und bastelte aus seinen Heldentaten das Epos »Aeneis«.

Agamemnon

Kämpfte als König von Mykene mit den anderen Griechenfürsten vor Troja, während die Gattin sich zu Hause anderweitig vergnügte und bei seiner siegreichen Heimkehr keine Verwendung mehr für ihn hatte. So wurde er Opfer eines vorbildlichen Gattenmordes, der bis heute als Beispiel für die kriminelle Lösung ehelicher Probleme herangezogen wird. Er muß von seinem Sohn Orest im Namen des aufgebrachten Patriarchats gerächt werden.

Amazonen

Streitlustiges Frauenvolk aus Kleinasien, bei dem Männer nur zur Zeugung zugelassen waren und man Knaben nach der Geburt erschlug. Um den Bogen besser spannen zu können, brannten sie sich die rechte Brust aus.

Amfortas

Der verwundete König und Hüter des Gral in der christlichen Version der Gralssage, den Parzifal heilen muß, »Schmerzensmann« aller esoterischen Gralsdeuter und identisch mit dem gerade zu neuer Filmpopularität gekommenen Fischerkönig.

Aphrodite

Aus dem Schaum geboren, der entstand, als Sperma des abgeschlagenen Gliedes von Uranos ins Meer tropfte, nachdem dieser von seinem Sohn Kronos entmannt worden war. Trotz dieser eher garstigen Entstehung zur Göttin der Liebe erkoren und später als Schönste der Olympierinnen mit dem düsteren Hinkemann Hephaistos verheiratet, dem Gott der Schmiede und Waffenlieferanten des Zeus: klassisches Beispiel einer frühen sexuellen Zwangswirtschaft.

Apoll

Griechischer Gott von Licht, Wahrheit, Musik und Liebe, dem als Zwillingsbruder der Artemis die Verkörperung der Tagseite des Lebens untergeschoben wurde, während das

Schwesterchen für die dunklen Seiten herhalten mußte. Sproß eines Ehebruchs des Zeus mit der Leto, die als Begründerin der Sturzgeburt gelten kann.

Artemis

Zwillingsschwester des Apoll und jungfräuliche Jagdgöttin, die als ursprüngliche Mondgöttin wohl erst später einer patriarchalen Zwangsjungfernschaft unterworfen wurde. Als große Jägerin ist sie die Herrin der Wälder, aber leicht zu beleidigen: So läßt sie den sie beim Bade beobachtenden Aktaion von seinen eigenen Hunden zerfleischen und tötet die Töchter der Niobe, um deren Hochmut zu rächen.

Artus

Keltischer König, der die Tafelrunde einberief und zum Vorbild von Ritterlichkeit und Erlösertum wurde, angeleitet vom Zauberer Merlin und bewaffnet mit dem magischen Schwert Excalibur. Nach einem tragischen Dreiecksverhältnis zwischen seiner Gattin und seinem besten Freund Lanzelot siechte er dahin und konnte erst mit dem Gral für die letzte Schlacht geheilt werden, in der er durch die Hand seines Sohnes fiel, bevor er sein Friedenswerk vollenden konnte. Sterbend wurde er auf die Insel Avalon entrückt, von wo er als zukünftiger Retter Britanniens zurückkehren soll.

Aschenputtel

»Ruckedikuh – Blut ist im Schuh« warnten die Tauben den Prinzen, der das schöne Aschenputtel an der Schuhgröße erkennen wollte und den verlorenen Schuh erst an den bösen und aufgedonnerten Stiefschwestern ausprobierte. Niemand aber warnte Aschenputtel vor dem Prinzen.

Athene

Die »erste Kopfgeburt« entsprang in voller Rüstung dem Haupt des Zeus und wurde die Stadtgöttin des klassischen Athen, Schutzherrin der Künste und des Handwerks, aber auch Göttin der Weisheit und Herrin über Krieg und Frieden. Stand den griechischen Helden bei ihren Abenteuern zur Seite.

Demeter

Schwester des Zeus und Göttin der Fruchtbarkeit und des Getreides, deren Tochter Persephone hinter ihrem Rücken von Zeus an den Herrn der Unterwelt, Hades, verkuppelt wurde. Zu Recht verärgert über den Raub der Tochter, verkrachte Demeter sich mit den Olympiern und ließ das Getreide verdorren, bis der Persephone eine feste Besuchszeit bei der Mutter in der Oberwelt zugestanden wurde. Die Versöhnung der Demeter wurde von den Griechen in den Eleusinischen Mysterien gefeiert.

Desdemona

Gattin des Othello in Shakespeares Tragödie; wird von ihrem grundlos eifersüchtigen Mann erwürgt, obwohl sie ihn in aufopfernder Treue liebte. Gilt als warnendes Beispiel, daß gegen Eifersucht kein Kraut gewachsen ist.

Diana

Römische Form der Artemis, deren Kult bei den germanischen Legionen besonders verbreitet war und die den Gebärenden Schutz bot.

Dornröschen

Von den Gebrüdern Grimm verewigte Märchengestalt, die als schlafende Schönheit hinter der Dornenhecke auf den Prinzen mit dem Erweckungskuß wartet.

Elsa

Nervt als Frischverheiratete ihren Mann, den Gralsritter Lohengrin, mit mißtrauischen Fragen, bis er die Beziehung abbricht und seinen Fluchtschwan ruft.

Epimetheus

Der als Bruder des Prometheus zu Recht den Namen »Nach-her-Denkender« trägt, denn die Götter geben ihm die schö-ne Pandora zur Frau, aus deren Büchse er die Plagen der Menschheit entwischen läßt.

Eros

Einer der mächtigsten und ältesten Götter der Griechen, der nicht nur die Liebe zwischen den Geschlechtern, sondern auch die Päderastie entfachte; ursprünglich direkt aus dem Chaos entstiegen, werden ihm später Eltern beigegeben, die seine Macht verharmlosen sollen.

Eurydike

Eine Baumnymphe, die den Orpheus heiratete und bald dar-auf am Schlangenbiß verstarb, was dessen Genie als Sänger-poet inspirierte und ihn auf der Suche nach ihr bis in die Unterwelt trieb.

Freia

Germanische Liebes- und Mondgöttin, deren Gatte Odur sich ins Ausland absetzt und von ihr jahrelang vergeblich gesucht wird. Aus den Tränen der Verlassenen entsteht Bernstein. Lästermäuler wie Loki haben bei den Asen verbreitet, das Verschwinden ihres Gatten hinge mit ihrem lockeren Lebenswandel zusammen.

Gaia

Urgöttin der Griechen, die sich als Erde mit dem Himmel, dem Uranos, vereint und so alles Leben gebiert. Wird später von der Enkelgeneration der Götter unter Führung des Renegaten Zeus entmachtet.

Hl. Georg

Drachentöter der christlichen Legende, der mit seiner phallischen Lanze, die meist als Lindwurm, also als Schlange oder Drache dargestellt, Erdkräfte besiegt, um die Jungfräulichkeit des Urmädchens für den Patriarchengott zu wahren.

Gilgamesch

Vorzeitlicher König von Uruk in Mesopotamien, Held des gleichnamigen sumerischen Epos, den nach dem Ableben seines geliebten Freundes Enkidu die Todesangst packt. Empört sucht er den Göttern das Geheimnis der Unsterblichkeit zu entreißen, was ihm auch fast gelungen wäre, wenn ihm die Schlange nicht im letzten Augenblick das Lebenskraut weggefressen hätte.

Guinivere

Treulose Gattin des Artus mit einer Vorliebe für Entführungen, betrügt den königlichen Gemahl mit dessen bestem Freund Lanzelot und stürzt damit die ganze Tafelrunde ins Unglück. Schlechtes Vorbild für das englische Königshaus.

Hamlet

Held in Shakespeares gleichnamiger Tragödie, dessen Frage nach »Sein oder Nichtsein« bisher nicht einmal von Martin Heidegger beantwortet werden konnte. Schlechtes Vorbild für Intellektuelle, die noch immer meinen, unerfüllte Liebe mache besonders kreativ.

Hekate

Antike Göttin der Unterwelt, aber auch der Frauen und des Heimes; wahrscheinlich eine der letzten überlebenden Formen der großen Muttergottheiten.

Helena

Schönste Frau der antiken Welt, Gattin des Königs von Sparta, deren Raub durch den Trojaner Paris den Trojanischen Krieg ausgelöst haben soll. Die Figur geht auf eine Fruchtbarkeitsgöttin zurück, die als Mythenvorlage für patriarchale Kriegsgründe herhalten mußte.

Hera

Gemahlin des Zeus und gleichzeitig dessen Schwester. Vielfache Mutter, aber mehr die herrische als die fürsorgende Rolle ausübend. Ist ständig auf die zahlreichen Liebschaften des Zeus eifersüchtig, die sie meist gnadenlos verfolgt, hat aber bei den Olympiern relativ wenig Einfluß, auch wenn ihr Zorn gefürchtet wird.

Herkules

Als Sohn des Zeus ein Halbgott und griechischer National-held. Schlägt alles kurz und klein, was sich ihm widersetzt, und wird dafür sterbend zu den Göttern entrückt, nachdem er von seiner eifersüchtigen Gattin mit einem vergifteten Gewand um seine irdische Existenz gebracht wurde. Er erledigte zwölf anstrengende Arbeiten, eine größer als die andere, die später verherrlicht wurden; doch machte er sich zu wenig Gedanken um seine Opfer, da er nur das »Siegen« gelernt hatte.

Hermes

Götterbote der Olympier, deshalb gern mit geflügelten Schuhen dargestellt. Da er als Briefträger zwischen Göttern und Menschen zu vermitteln hat, wird ihm unterstellt, besonders schlau zu sein. Einer seiner Enkel ist der Engel Aloisius, der »Münchner im Himmel«.

Io

Priesterin der Hera, die Geliebte ihres Mannes Zeus wurde, was die Göttin verständlicherweise besonders erboste. Um vor Heras Eifersucht zu fliehen, verwandelte sie sich in eine weiße Kuh. Hera schickte ihr eine Bremse hinterher, von der sie durch alle Länder verfolgt wurde, bis das Insekt sie wahnsinnig machte. Wenn Frauen hassen...

Ishtar

Babylonische Göttin des Himmels und der Unterwelt sowie der Mutterschaft und der Liebe. War die Geliebte vieler Götter und wahrscheinlich deren ursprüngliche Herrin, die beim Urputsch gegen die große Göttin abgesetzt wurde.

Isis

Ägyptische Mondgöttin, Göttermutter und Gattin des Osiris, den sie von den Toten auferweckte, um mit ihm den kleinen Horus zu zeugen. Wurde mit dem Horusknaben in gleicher Weise dargestellt wie später Maria mit dem Jesuskind und kann als Vorläuferin des Marienkultes gelten. Sie geht über die Erde gebeugt, so daß am Abend die Sterne aus ihrem Mund entspringen, um am Morgen wieder in ihren Schoß zurückzukehren. Recht geheimnisvoll, wenn man bedenkt, daß sich an ihrem Standbild zu Sais der Satz findet: Kein Sterblicher hat je erfahren, was unter meinem Schleier sich verbirgt.

Isolde

Figur aus der keltischen Sagenwelt, die eine magische Liebesbeziehung mit dem Ritter Tristan einging, der Isolde eigentlich für seinen König freien sollte. Zeichnet sich dadurch aus, daß ihr diese Art von Beziehung von Anfang an nicht ganz geheuer gewesen zu sein scheint.

Jehova

Weltenordner der jüdisch-christlichen Überlieferung. Einer der vielen Namen Gottes im Alten Testament. Der Duden meint: »unrichtig für Jahwe«. Nun ja!

Jupiter

Römische Form des Zeus, der wesentlich entrückter und imperialer wirkte als seine griechische Form. Wurde dann konsequenterweise auch gleichgesetzt mit dem Imperator der römischen Kaiserzeit, der zeitweise als eine Art Verkörperung Jupiters zu verehren war.

Kali
Indische Göttin des Werdens und Vergehens. Um den Hals
trägt sie eine Kette aus Menschenköpfen, und sie tanzt auf
ihrem Mann, dem Shiva, herum, den sie als Todesgöttin besiegt, denn alles Gewordene muß auch vergehen. Ließ sich
gern Menschenopfer bringen, insbesondere ausländische
Kolonialisten.

Krösus
Letzter König von Lydien, durch seinen Reichtum, und
durch nichts sonst, sprichwörtlich geworden.

Kyffhäuser
Berg südlich des Harzes. Weniger durch seine landschaftliche
Schönheit bedeutend als durch die unbestätigten Gerüchte,
daß dort Kaiser Barbarossa darauf warten soll, die Deutschen
zu retten – wie Artus die Briten. Wahrscheinlich ging es den
Deutschen bisher noch immer nicht schlecht genug für die
Wiederkehr des schlafenden Kaisers.

Leto
Geliebte des Zeus und Mutter von Apoll und Artemis, die
berühmter und einflußreicher als ihre Mutter wurden. Hatte
den üblichen Ärger mit Hera.

Lohengrin
Gralsritter und sehr kurzfristig Gatte der Elsa, der verschwindet, sobald Frauen zu persönlich werden. Will seiner
selbst und seiner göttlichen Mission wegen geliebt werden,
nicht wegen seiner Herkunft und seines Vermögens.

Loki

Ziemlich verschlagene Göttergestalt Germaniens. Durch seine Verwandlungskünste wahrscheinliches Vorbild von Andre Heller. Bringt die Lichtgestalt Baldur zu Tode und löst die Götterdämmerung aus, also kein Freund der ewigen Hierarchien, sondern ein Rebell wie Luzifer.

Morigu

Irisch-keltische Kriegsgöttin mit einem Krähenkopf, die sich an den Leibern der Gefallenen gütlich tut und gern neben den Kriegern in die letzte Schlacht reitet.

Nessos

Kentaur, also Mann mit Pferdeleib, der die Gattin des Herkules vergewaltigen wollte und dafür von diesem erschlagen wurde. Die Gattin dankte es nicht.

Odysseus

Einer der griechischen Helden des Trojanischen Krieges, dem nach der Eroberung der Stadt die Rückkehr zu seiner treuen Gattin Penelope erst nach jahrelangen Irrfahrten gelang, verewigt von Homer in seiner »Odyssee«. Gilt als der »Listenreiche«, dessen Trick mit dem hölzernen Pferd erst zur Eroberung Trojas führte – noch heute Vorbild aller listenreichen Griechen.

Olympier

Griechisches Göttergeschlecht der dritten Generation, das sich unter der Führung seines Häuptlings Zeus auf dem Berg Olymp niederließ und von dort die antike Welt beherrschte. Anthropomorphe Göttersippe, die wenig edle Gesinnung, dafür eine ausgesprochene Streitlust, Sexbesessenheit und Eigensinnigkeit erkennen ließ, was ihr noch immer ungeheure Aktualität einträgt. Im Gegensatz zu anderen Göttern wenigstens nicht völlig humorlos.

Ophelia
Verliebte sich sterblich in Hamlet, der aber zu sehr mit seiner unsterblichen Frage beschäftigt war, bis Ophelia darüber wahnsinnig wurde und sich sehr photogen ertränkte.

Orpheus
Meistersänger und -dichter der Griechen, Gatte der frühverstorbenen Eurydike. Leider versagte er bei dem Versuch, sie aus der Unterwelt zurückzuholen, weil er sich zu früh nach ihr umsah. Die Trauer über den endgültigen Verlust trieb ihn in einen melancholischen Wahnsinn. Am Ende wurde er dann noch von ekstatischen Frauen buchstäblich in Stücke gerissen, was die Angst moderner Popstars vor ihren Fans erklären hilft.

Othello
In Shakespeares Bühnenstück gleichen Namens der eifersüchtige Mörder seiner schuldlosen Gattin Desdemona.

Pandora
Die »Allbeschenkte«, schöne Frau, die von den griechischen Göttern mit ihrer Büchse zu den Menschen gesandt wurde, um sie mit allen Plagen dieser Welt zu bestrafen. Als Mythos der Unglücksbringerin bewährtes Propagandamittel gegen die Frauen im allgemeinen.

Paris

Sohn des Königs von Troja und als Entführer der Helena eigentlicher Anstifter des trojanischen Gemetzels. Stirbt an einem Giftpfeil, weil die giftkundige Priesterin ihm aus Eifersucht auf Helena die Rettung versagt.

Parzifal

Ein reiner Tor und Held des Artussagenkreises, der lange Irrfahrten bestehen muß, bis er schließlich König des Grals und Retter des dahinsiechenden Artus werden kann. Zeigt, daß man auch mit Naivität weit herumkommen kann.

Penelope

Getreue Gattin des Odysseus, die sich jahrelang von vielen Freiern umschwärmen läßt, bis der Verschollene heimkehrt und einen hollywoodreifen Showdown liefert, den keiner der Verehrer überlebt. Da erkennt auch Penelope, wer Herr im Haus ist, und bleibt ein treues Weib.

Penia

Griechische Göttin der Armut, die als Mutter des Liebesgottes Eros gilt, den sie mit dem Poros zeugte, dem Gott des Reichtums. Der Sage nach war dabei Alkohol im Spiel. Nicht völlig geklärt ist, wer eigentlich eine Göttin der Armut angebetet hat und wozu.

Poros

Vater des Eros, den die Göttin der Armut, Penia, von ihm empfing, nachdem die beiden an einem Gelage teilgenommen hatten. Mußte sich als Gott des Reichtums wahrscheinlich über Verehrerinnen keine Sorgen machen.

Prometheus

Der »Vorher-Denkende«, der den Göttern vom Olymp das heilige Feuer stiehlt, um es den Menschen zu bringen. Wie Loki ein Unruhestifter, den die Götterhierarchen zur Strafe an einen Felsen schmieden lassen, wo ihm die Geier bis in alle Ewigkeit täglich Stücke aus der Leber hacken, die über Nacht nachwächst. Nicht genug damit, schicken die Olympier den Menschen zur Strafe auch noch die Pandora mit ihrer Büchse.

Rhea

Mutter des Zeus und Gemahlin des Kronos, der seine Kinder verschlang, bis Rhea den Zeus versteckte. Von den Olympiern gefürchtete strenge Mutter aus der zweiten Göttergeneration, mit der man wie mit Großmutter Gaia immer wieder Ärger hatte.

Robin Hood

Legendärer englischer Volksheld, dessen Mythe eine Mischung aus dem grünen Mann der vorchristlichen Fruchtbarkeitskulte, einem Waldgott, und dem braven Räuberhauptmann ist, der die Reichen bestiehlt und den Armen gibt.

Romeo und Julia

Gestalten aus Shakespeares Tragödie, deren unglückliche Liebe sprichwörtlich wurde für alle Liebenden, deren Beziehung ihnen Ärger mit den beteiligten Familien einträgt. Ein Liebesdrama, das sich zu jeder Zeit und in jeder Kultur wiederholen läßt, wo es mindestens zwei Familien gibt, die sich streiten. Identifikationsfiguren für alle jungen Menschen, die Freund bzw. Freundin nicht mit nach Hause bringen dürfen.

Das Ende ist tragisch, aber nur infolge eines giftigen Mißverständnisses.

Schinderhannes

Berüchtigter deutscher »Robin Hood« aus dem Hunsrück, der gerne reiche Kaufleute überfiel, was ihm die Sympathie der Armen eintrug, ohne daß er ihnen von der Beute etwas abgeben mußte.

Shakti

Hinduistische Göttin der weiblichen Lebenskraft und Gemahlin des Shiva als Verkörperung der männlichen Kräfte des Kosmos. Wird heute gern von indischen Gurus beschworen, die Anhänger für tantrische Liebesspiele suchen.

Siegfried

Held der Nibelungensage, der im Blut des von ihm erschlagenen Drachen badete und davon beinahe unverwundbar geworden wäre. Es fiel aber ein Blatt auf seine Schulter, so daß ihm an dieser Stelle später der umtriebige Hagen den Speer in den Rücken rammen konnte. Nachdem er durch zahlreiche Heldentaten berühmt geworden ist, stolpert Siegfried wie Herkules über die Eifersucht der Frauen, für die ihm wie für alle Feinheiten des Lebens jedes Verständnis abging.

Sisyphos

Wegen seines Hochmuts von den olympischen Göttern dazu verurteilt, im Hades bis in alle Ewigkeit einen Stein einen Berg hinaufzurollen, der ihm immer kurz vor dem Gipfel entgleitet, so daß die Plackerei von vorn beginnt. Sinnbild für die vergeblichen Mühen des Menschen in ihrer endlosen Wiederholung.

Tiamat

Erd- und Chaosgöttin Mesopotamiens, Mitbesitzerin des Ur-
ozeans, vom Kulturheros Marduk besiegt und nach patriarchaler Art in Stücke gehauen.

Theseus

Griechischer Volksheld des antiken Athen, der den Minotau-
rus auf Kreta tötet und die Athener damit von einer in Kindern zu entrichtenden Tributpflicht gegen die Kreter befreit.
Läßt sich im Labyrinth des Minos von der Königstochter
Ariadne helfen, die ihm einen roten Faden leiht und damit beweist, daß Frauen doch systematischer denken können als
Männer.

Venus

Als Göttin der Schönheit und Mutter des römischen Urahnen
Aeneas die römische Version der Aphrodite.

Zeus

Griechischer Göttervater und Chef der Olympier, der seinen
Vater Kronos austrickst und besiegt, die Titanen seiner
Großmutter Gaia in den Tartarus stürzt und auch sonst erst
furchtbar in der Familie wüten muß, bevor er sich endlich als
Oberhaupt durchsetzt. Näherte sich gerne in Tiergestalt
allen schönen Frauen seiner Zeit und tat auch sonst alles, um
sich als patriarchaler Lüstling hervorzutun.

Quellen

Hermann Bahr, Gedanken zur Politik, Frankfurt/M. 1970.

Roland Barthes, Mythen des Alltags, Frankfurt/M. 1964.

Morris Berman, Wiederverzauberung der Welt, Reinbek 1985.

Hans Christoph Binswanger, Geld & Natur – Das wirtschaftliche Wachstum im Spannungsfeld zwischen Ökonomie und Ökologie, Stuttgart und Wien 1991.

Robert Bly, Eisenhans – Ein Buch für Männer, München 1991.

Ernest Borneman, Ausgewählte Texte, hrsg. von Hans Christian Meiser, München 1988.

Joseph Campbell, Der Heros in tausend Gestalten, Frankfurt/M. 1978.

Ders., The Power of Myth, New York 1988.

Ders., Mythen der Menschheit, München 1992.

Albert Camus, Der Mythos von Sisyphos, Hamburg 1959.

Allan Combs/Mark Holland, Die Magie des Zufalls, Reinbek 1992.

Colette Dowling, Der Cinderella-Komplex – Die heimliche Angst der Frauen vor der Unabhängigkeit, Frankfurt/M. 1984.

Hans Peter Duerr, Sedna, Frankfurt/M. 1984.

Mircea Eliade, Schmiede und Alchemisten – Mythos und Magie der Machbarkeit, Stuttgart 1980.

Ders., Geschichte der religiösen Ideen, Freiburg 1978.

David Feinstein/Stanley Krippner, Persönliche Mythologie – Die psychologische Entwicklung des Selbst, Basel 1987.

Malcolm Forbes, Management-Bibel, München 1989.

Max Frisch, Stichworte, Frankfurt/M. 1975.

Sir Galahad (d. i. Berta Eckstein-Diener), Mütter und Amazonen, München 1932.

Jean Gebser, Ausgewählte Texte, hrsg. von Hans Christian Meiser, München 1988.

Marion Giebel, Das Geheimnis der Mysterien – Antike Kulte in Griechenland, Rom und Ägypten; Zürich und München 1990.

Karin Glaube/Alexander von Pechmann, Magie, Matriarchat und Marienkult, Reinbek 1986.

Johann Wolfgang von Goethe, Faust – Goethes Faust-Dichtungen, München 1978/1984.

Liz Green, Kosmos und Seele, Frankfurt/M. 1991.

Peter Hant, Das Drehbuch – Praktische Filmdramaturgie, Waldeck 1992.

Hermann Hesse, Mit Hesse durch das Jahr, Frankfurt/M. 1976.

Jamake Highwater, Sexualität und Mythos, Olten 1992.

Carl Gustav Jung, Von den Wurzeln des Bewußtseins, Zürich 1954.

Stephen Larsen, The Mythic Imagination, New York 1991.

Robert Lawlor, Die Seele des Mannes, München 1993.

Stephan Lermer/Hans Christian Meiser, Lebensabschnittspartner, Frankfurt/M. 1991.

Otto Mainzer, Die sexuelle Zwangswirtschaft, München 1981.

Bronislaw Malinowski, Magie, Wissenschaft und Religion, Frankfurt/M. 1973.

Ulrich Mann, Schöpfungsmythen, Stuttgart 1982.

Günther Ogger, Nieten in Nadelstreifen, München 1992.

Camille Paglia, Der Krieg der Geschlechter – Sex, Kunst und Medienkultur, Berlin 1993.
Dies., Die Masken der Sexualität, Berlin 1992.

Raimon Panikar, Rückkehr zum Mythos, Frankfurt/M. 1985.

Eckart Peterich, Götter und Helden der Griechen, Frankfurt/M. 1958.

Gustav Radebruch, Kleines Rechts-Brevier, Göttingen 1954.

Rupert Riedl, Die Strategie der Genesis, München 1984.

Achim Schnurrer/Andreas C. Knigge, Bilderfrauen – Frauenbilder, Hannover 1978.

Eric Shangai, Madonna – Porträt eines Superstars, München 1991.

Donald Spoto, Marilyn Monroe – Die Biographie, München 1993.

Donald J. Trump/Tony Schwarz, Trump: The Art of the Deal, New York 1987.

Jerome Tucille, Trump – Die Innenseite einer amerikanischen Karriere, München 1988.

Timm Ulrichs, o. T., in: Konkrete Poesie, Stuttgart 1972.

Paul Watzlawick, Wie wirklich ist die Wirklichkeit?, München 1976.

Edward C. Whitmont, Die Rückkehr der Göttin, München 1989.

Anthologien / Lexika

Das Buch vom Wilden Mann, hrsg. von Michael Görden, München 1992.

Lexikon der Mythologie, hrsg. von Herbert Gottschalk, München 1993.

Mythen der Völker, hrsg. von Pierre Grimal, Frankfurt/M. 1967.

Schöpfungsmythen, hrsg. von Michael Görden, München 1994.

Vollmer's Wörterbuch der Mythologie aller Völker, Stuttgart 1874.